KB275387

끝까지 해내는 기술

끝까지 해내는 기술

초판 발행 2018년 5월 28일

지은이 캐롤라인 애덤스 밀러
옮긴이 김미정

펴낸이 이성용
책임편집 박의성

펴낸곳 빈티지하우스
주 소 서울시 마포구 양화로11길 46 504호(서교동, 남성빌딩)
전 화 02-355-2696 **팩 스** 02-6442-2696
이메일 vintagehouse_book@naver.com
등 록 제 2017-000161호 (2017년 6월 15일)

ISBN 979-11-89249-00-7 13320

- 이 책 내용의 전부 또는 일부를 사용하려면 반드시 저작권자와 빈티지하우스의 서면동의를 받아야 합니다.
- 빈티지하우스는 독자 여러분의 투고를 기다리고 있습니다.
  책으로 펴내고 싶은 원고나 제안을 이메일(vintagehouse_book@naver.com)으로 보내주세요.
- 파손된 책은 구입하신 서점에서 교환해 드리며 책값은 뒤표지에 있습니다.

끝까지 해내는 기술

우리는 왜
마지막 한 걸음에서 포기하는가

캐롤라인 애덤스 밀러 지음 | 김미정 옮김

시작하며

열정적 끈기를 만드는 8가지 방법

2012년 회계학을 전공한 큰아들 헤이우드가 대학을 졸업했다. 아들은 대학을 선택할 때 자신의 강점과 관심을 살려줄 곳을 골랐다. 그 애가 가장 열정을 느끼는 것은 수영이었다. 아들은 장학금을 받고 메릴랜드대학교에 입학했지만 출전권을 보장받기 위해 신시내티대학교로 편입했다.

아이의 졸업 평점은 평범했지만 거의 모든 회계법인으로부터 면접을 보러오라는 연락을 받았다. 불황의 여파로 여전히 취업이 힘들던 때라 우리 부부는 아들이 취업에 실패하고 다시 집으로 돌아올지도 모른다는 각오까지 하고 있었다. 소문을 듣자니 생활비에 학자금 상환을 시작할 만큼 보수를 주는 직장을 찾기 힘들고, 어쩌면 취업 자체가 어려울 듯했기 때문이다. 그런데 졸업하자마자 미국 최고의 회계법인 중한 곳에 혼자 살고도 남을 만큼의 초봉을 받고 입사한다니, 놀랍기도 했고 대견했다.

대중매체에서 묘사한 취업시장은 너무나도 암울했다. 우리 가족 모두 최상위권 대학의 최우수 졸업생만 겨우 취직할 수 있다고 생각했는데, 당사자인 아들은 취업에 성공하다니…. 이유가 뭐라고 생각하는지 궁금했다. 헤이우드는 잠시 생각해보더니 이렇게 대답했다. "수영 덕분인 것 같아요. 몇 년이나 수영 연습을 했는지, 연습을 하루에 한 번 했는지, 두 번 했는지, 대학에 다니는 내내 시합에 나갔는지, 3학년 때 편입했는데도 학교 수영팀 주장으로 뽑힌 게 맞는지… 그런 것만 자세히 물어봤거든요." 대답이 이어졌다. "회사에서는 제게 근면성, 리더십 자질, 사람과 어울리는 능력이 있는지 궁금했던 것 같아요."

그리고는 웃으며 덧붙였다. "분명히 제 졸업 평점이 결정적 요인은 아니었겠죠."

사람들의 목표설정과 정서적 성장을 도와온 경험에 비춰보면 아들의 취업 소식이 그렇게 놀라운 일이 아니었다. 그래도 엄마로서의 불안감 때문에 대학 재학 중에도 수영에 집중하겠다는 헤이우드의 결정이 장차 취업을 위해서 최선일지 걱정했었다. 그러나 아들의 취업은 요즘 취업시장에서 점차 불고 있는 변화를 그대로 보여준다.

밀레니얼세대 대부분은 직장에서 완전한 실패작으로 평가받았다. 산더미 같은 트로피와 자존감 증진을 위한 최근의 교육 방식 때문이다. 회사는 급기야 그들에게 성실하게 일하는 법과 결코 우수하다고 할 수 없는 성과에 대한 피드백을 수용하는 법을 가르칠 컨설턴트를 고용해야 하는 지경에 이르렀다.

이런 종류의 문제를 방지하기 위해 점점 많은 회사에서 근면하게 일하고, 팀워크를 잘 맞추고, 호감을 사며, 해고가 불가피한 문제를 일으키지 않을 입사 지원자를 가려낼 독특한 방법들을 고안하고 있다. 그들은 졸업 평점과 인턴 경험에 중점을 두는 대신 수년 동안 열정을 간직하고, (보상이라고는 포기하지 않았다는 만족감뿐인 힘든 일이지만) 자기가 선택한 활동을 고수하는 사람을 원했다. 이런 유형의 입사 지원자는 열심히 노력하고, 실망감을 극복하고, 끊임없이 칭찬받지 않아도 끝까지 해내는 법을 이미 배웠을 테니 어떤 업무라도 할 수 있도록 교육시킬 수 있다는 생각에서다.

끝까지 해내는 사람의 비밀

펜실베이니아대학교에서 급성장 중이던 응용긍정심리학과 행복학 분야에 신설된 MAPP^{Master of Applied Positive Psychology}과정에 다니는 동안 그릿이라는 주제에 관심을 갖게 됐다. 《그릿》의 저자로 유명해진 앤절라 더크워스의 연구도 그곳에서 처음 접했다.

마틴 셀리그만 박사 밑에서 박사과정을 밟고 있던 그녀는 '장기목표를 추구하는 열정적 끈기'로 정의내린 '그릿'이라는 자질을 연구하고 있었다. 수십 년 동안 어려운 목표를 설정하고 달성하는 법에 대해 글을 쓰고 사람들을 코치해왔던 나는 펜실베이니아대학교에 다니는 동안 인생의 가장 어려운 영역에서 '승자'가 되는 데 필요한 자질을 규명한 과학적 연구결과들에 매료됐다.

12항목으로 구성된 앤절라의 그릿 척도는 미 육군사관학교 생도들이 첫 해 여름에 받는 훈련, '비스트 배럭스*Beast Barracks*'의 탈락자를 예측해주는 주 변인으로 밝혀졌다. 마찬가지로 10대 초반 청소년들 중 전미 영어 철자 맞추기 대회 결선에 진출하는 학생들도 훌륭히 예측해주었다.

그릿 척도는 다른 어려운 상황에서의 끈기도 예측해주는 것으로 밝혀졌다. 그릿은 어떤 남성들이 결혼생활을 유지하는지, 빈민 지역의 어떤 학생이 고등학교를 졸업하며, 누가 특수부대원으로 선발될지, 심지어 어떤 저소득층 학생이 대학을 졸업할지까지 예측해주었다.

목표설정 이론, 자기효능감 이론, 사회적 전염 같은 개념에 점점 빠져들었던 나는 이 모든 개념들을 새롭게 연결해보기 시작했다. 결국 MAPP과정을 하나의 프로젝트로 발전시켰다.

유아기부터 성인기까지 (지금은 비판의 대상이 된) '자존감 운동'이 한창이었던 시기를 보낸 내 아이들의 생활, 교육자로 활동하며 만난 수천 명의 사람들에게 듣고 목격한 것들 모두 혼란 그 자체였다.

자신과 직장, 가족, 공동체 안에서 그릿을 기르는 방법을 알고 싶은 간절한 청소년과 성인들 때문이라도 최근 급증하고 있는 그릿 논의에 내 목소리와 생각을 보태야 한다는 생각이 들었다. 그들은 지극히 평범한 기준에서 엄격한 탁월함을 요구하는 기준으로 돌아가고 싶어 했다. 하지만 어디서부터 시작해야 할지, 무엇을 해야 할지 알지 못했다.

세상이 유례없이 벅찬 난관에 직면하고 있으며, 최상의 회복력이 우

리에게 요구되고 있다는 사실에 모두 동의할 것이다. 하루 종일 혼란
스러운 세계경제, 테러리스트의 무차별적인 공격과 같은 부정적인 뉴
스만 공급하는 채널들 때문에 사람들은 더 심각하게 문제를 받아들이
고 있다.

마치 전염된 것처럼 대부분의 대학생들이 불안과 우울을 토로한다.
그들은 학자금 융자 부채와 미래의 예상 소득에 대한 부정적 전망이라
는 수렁에 빠져 있다. 누군들 그릿 없이 이 속에서 원기 왕성하게 살아
갈 수 있겠는가?

이 책에서는 무엇을 다루는가?

이 책에서 나는 그릿이 강한 사람들의 성격 강점과 행동을 키우는 방법
에 관한 연구와 아이디어들을 알려주려 한다. 나는 최상의 결과를 이끌
어내는 그릿에 '진정한 그릿*authentic grit*'이란 이름을 붙였다. 나는 진정한 그
릿을 "어려운 목표를 열정적으로 추구함으로써 남들에게도 더 나은 사
람이 되고, 정서적으로 건강해지고, 긍정적인 모험을 하고, 최상의 삶
을 살도록 영감을 주는 그릿"으로 정의한다.

이 책은 3부로 나뉜다. 1부와 2부에서는 좋은 그릿과 나쁜 그릿, 두
종류의 그릿을 설명하고, 중간 정도의 기준이 받아들여지고 확산된 요
인과 그로 인해 우리에게 어떤 과제가 생겼는지 논의한다. 3부에서는
열정, 목표설정, 자기조절, 자신감, 모험, 인내심 등 진정한 그릿을 구

성하는 강점과 행동을 키울 수 있는 방법에 관한 관찰과 경험, 연구결과들을 다룬다.

3부의 각 장에는 실천 방안도 제시되어 있다. 각 장에 제시된 실천 방안들의 일부는 당신이 단독으로, 대부분은 다른 사람들과 함께 다양한 상황에서 목표를 설정하고, 불굴의 사고방식을 기르고, 성공 전략을 짜내고, 지원해줄 팀과 공동체를 모으고, 높은 기준을 설정해 다른 사람들도 탁월함을 추구하도록 연습해볼 수 있을 것이다. 이 실천 방안들은 여러분이 되풀이해서 쉽게 사용할 수 있는 아이디어와 자료들이다.

이 책의 가장 중요한 목표는 진정한 그릿의 발달이 가능할 뿐 아니라, 탁월함을 기준으로 삼고, 포기를 거부하는 세상에서 살고 싶다면 진정한 그릿을 발달시키는 것이 의무라는 주장을 증명하는 것이다.

우리의 발전과 평화를 위협하는 장애물을 극복하기 위해서는 회복력과 낙관주의, 투지가 필요하다. 또한 역사상 최초로 부모와 동일한 생활수준을 유지할 수 없을 것으로 예상되는 다음 세대가 최상의 삶, 의미 있는 삶을 살기 위해 부단히 노력하게 하려면 행복학을 비롯한 수단들로 무장시켜줄 필요가 있다.

이 책에서 소개한 앤절라 더크워스의 캐릭터랩Character Lab, 버클리대학교 그레이터굿사이언스센터the Greater Good Science Center, 위스콘신대학교 건강한 마음연구소the Center for Healthy Minds, 펜실베이니아대학교 긍정심리학연구소의 연구결과들을 활용한다면 우리가 긍지를 느낄 수 있는 세상, 우리를 더욱 대담하고, 끈기 있고, 고무적인 존재로 향상시켜줄 세상을 상상하고 만들어나갈 수 있다고 믿는다.

우리가 올바른 목표를 설정하고, 완수하며, 불편을 편안히 받아들이게 되고, 좌절을 도약의 발판으로 삼을 수 있을 때, 우리는 비로소 열정, 목표의식, 인내심을 갖고 살 수 있을 것이다. 그렇게 될 때 올바른 그릿을 갖는 것은 환상이 아니게 된다. 다른 사람과 나누며 더불어 살아가는 사람이 늘어나고 우리 모두가 더 나은 자신이 될 수 있을 때, 그런 세상은 현실이 될 것이다.

그럼 시작해보자!

목차

1부

우리는 왜
한 걸음 앞에서 포기하는가

D-DAY
1
16
3
2
8

01장

포기의 종

우리의 열정과 노력은 지금 어디로 향하는가?

워싱턴DC의 봄이 설레는 이유는 두 가지다. 하나는 내셔널몰 주변에 흐드러지게 피는 새하얀 벚꽃이다. 다른 하나는 전미 영어 철자 맞추기 대회Scripps National Spelling Bee(이하 스펠링비)다. 1925년에 창설된 이 대회는 6세부터 14세까지의 학생들이 참가하는 세계 최대 규모의 철자 말하기 대회인데, 지역 예선을 통과한 학생 수백 명이 워싱턴DC에서 최종적으로 실력을 겨룬다.

스펠링비 결승전은 ESPN을 통해 생방송으로 중계된다. 스포츠 채널인 ESPN이 이 조마조마한 대회를 스포츠 경기만큼이나 열심히, 꼬박꼬박 중계하는 이유는 몇 분만 방송을 지켜봐도 쉽게 알 수 있다.

참가자 대부분은 사춘기도 안 된 남녀 학생들이다. 하지만 성인 선수들이 시합 중에 직면하는 것과 똑같은 스트레스와 정신적 부담이 대회장을 가득 채운다. 치아 교정기를 낀 아이들, 여드름이 난 아이들, 커다란 리본이 달린 머리띠를 한 아이들이 한 명씩 조용히 걸어 나와 무대 중앙에 선다. (마이크가 닿지 않는 아이들은 의자를 사용하기도 한다.) 지구에서 가장 난해한 단어들을 불러주고, 그 철자를 나열하라는 지시와 함께 아이들이 뜨거운 조명 아래서 제한시간에 쫓기며 철자를 하나씩 불러나가는 모습을 수백만 시청자가 지켜본다.

최근 몇 년 동안 스펠링비 참가자들의 실력이 상향평준화되면서 라운드가 밤늦게까지 이어지는 일이 반복되고 있다. 당황하지 않고 끈질기게 14라운드까지 버티는 최종 결선 진출자들이 늘어나면서 출제할 단어가 바닥나는 바람에 2014년부터는 공동우승을 인정하고 있다.

〈타임〉은 2016년 5월 '그들의 현주소는?'이라는 제목으로 스펠링비 역대 우승자들의 근황을 취재한 특집기사를 실었다. 기사에 의하면 역대 우승자 대부분이 전문직 종사자로 성공적인 삶을 살고 있으며, 교육, 투자, 언론, 의학, 경제학 분야에서 뚜렷한 자취를 남긴 경우도 많았다.

그들은 철자 대회, 특히 가슴 떨렸던 스펠링비를 준비하고 참가했던 수년간의 경험이 평생 보탬이 됐다고 했다. 웬디 라이는 스펠링비를 위해 공부하면서 "회복력과 꼼꼼함, 중압감 속에서도 품위 있게 대처하는 법"을 배웠으며, 프라투쉬 부디가는 "패턴 인식"을 잘하게 됐고

스펠링비 대회 모습 | 출처_ flickr

"직감을 신뢰"하게 되었다고 말했다. 세 번의 도전 끝에 우승한 발루 나타라얀은 스펠링비가 "단거리 경주가 아니라 마라톤"에 가깝다고 지적하면서, 그가 스포츠 의학을 직업으로 선택한 데는 대회 참가의 영향이 컸다고 밝혔다. "대부분의 아이들은 스펠링비 우승 트로피를 거머쥐거나 전국 대회에 출전하게 되기까지 수년이 걸립니다. 그런 경험 덕분에 마라톤 선수에게 공감할 수 있었고, 즐거운 마음으로 그들을 돌보게 되었습니다."

2005년 펜실베이니아대학교에서 그릿을 연구하던 앤절라 더크워스는 스펠링비에 참가한 아이들의 강한 회복력과 의지에 관심을 가지기 시작했다. 그녀는 결선 참가자들이 장기목표를 추구하는 열정과 끈기로 정의되는 그릿을 가졌는지 확인하기 위해 대회 주관사의 승인을 받아 총 273명과 접촉했고, 절반 이상으로부터 공부 습관, 지능, 철자 대회 참가 햇수 등의 정보가 담긴 질문지를 돌려받았다. 동시에 그녀가 개발한 그릿 척도 검사도 함께 작성해달라고 부탁했다.

조사 결과 성공의 핵심요인은 자기통제였다. 하지만 참가자들의 연령 변인을 통제하자 스펠링비 결선 진출을 결정하는 가장 중요한 변수는 그릿 척도 점수였다. 데이터를 더 분석해 들어가자 결선 진출에 실패해본 경험이 그릿의 발달에 큰 역할을 한 것으로 나타났다. 특히 주말에도 혼자 공부했다는 응답이 많았는데, 탈락 후에 더 열심히 공부를 했다는 의미였다.

그로부터 1년 뒤, 더크워스와 공동연구자들은 미 육군사관학교 신입생도 976명에게 그릿 척도를 포함한 여러 검사를 실시했다. 자기통제, 지능지수 및 기타 성취 척도들을 통제했을 때 비스트 배럭스에서 탈락할 생도를 결정하는 변인으로는 우등상, 리더십 추천서, 평점 등을 종합한 종합전형점수 같은 기존 척도보다 그릿 척도가 더 정확했다. 비록 그 차이는 작았지만 주목할 만한 결과였고, 그 결과가 스펠링비 참가자들을 대상으로 한 연구결과에 덧붙여지자 사람들은 더크워스의 실험실에서 무슨 연구가 진행되고 있는지 더 알고 싶어 했다.

현재 주목받는 성격 특성

사람들은 그릿이라는 미지의 요인을 이해하고 기르기를 염원하고 있다. 2013년 천재들의 상으로 불리는 맥아더상을 수상한 앤절라 더크워스와 그릿에 관한 연구는 교육, 리더십, 심리학 학회에서는 기본이 되었고, 그녀가 강연한 "열정과 끈기의 힘"은 지금까지 온라인에 게재된 TED 강연들 중 가장 높은 조회수를 기록하고 있다. 2016년에 출판된 그녀의 책 《그릿》은 곧바로 베스트셀러 1위로 등극했고, 오바마 대통령도 두 번의 연두교서에서 이 책을 언급하기에 이르렀다. 그뿐 아니라 교실 내에서의 그릿 육성을 2013년 교육부의 최우선과제로 삼으라는 지시를 내렸다.

연구의 전망이 밝은 만큼이나 우려도 커지고 있다. 아직 준비도 되지 않은 상태에서 그릿을 활용하려고 서두르는 사람들이 많기 때문이다. 예를 들어 학교에서 그릿 검사를 어떻게 실시해야 할지 또는 모든 환경의 모든 학생에게 맞는 척도인지조차 분명하지 않은데도 일부 학교에서는 학생과 교사의 그릿을 평가하겠다며 그릿 검사지를 나눠준다.

매일 아침 등교 자체를 위해 많은 장애요인을 극복해야 하는 저소득층 학생들은 그릿을 평가받음으로써 얻을 수 있는 것이 거의 없다. 그보다는 자기효능감과 희망을 키워주는 것이 더 유용할지 모른다. 《아이는 어떻게 성공하는가》의 저자 폴 터프는 저소득층 학생들에게 부모와 함께 받을 수 있는 가족 치료를 제공하는 것이 더 가치가 있다고 주장하기도 했다. 가족 치료를 통해 부모들이 좌절감과 분노를 관리하는 방법을 배울 수 있으며, 사랑과 수용, 온기가 있는 가족 문화를 조성할 수 있기 때문이다.

물론 더크워스가 중대한 발견을 했다는 데는 의문의 여지가 없다. 그녀는 투자은행, 수영, 미식축구, 체스 등 다양한 분야를 조사한 결과

각 분야에서 성공한 사람에게는 공통분모가 있으며, 그들의 목표달성 방법을 따라할 수 있도록 공통분모를 분석할 가치가 있다고 주장했다.

더크워스는 오랜 세월 수차례의 난관을 극복하고 자신에게 중요한 일을 지속적으로 추구해온 사람들이 공통적으로 보이는 몇 가지 결정적 특성을 찾아냈다.

- **열정** 그들은 어려서부터 자신을 흥분시키고 활기차게 만드는 목적이나 활동에만 열정을 보인다. 타인의 바람이나 다른 관심사에 이끌려가지 않으며, 목적의식을 채워주는 중요한 일에만 매진한다.

- **끈기** 그들은 단기적인 회복력만 보이는 게 아니다. 그들은 감정이 고갈되거나 신체적으로나 금전적으로 차질이 생겼을 때, 많은 사람이 포기할 정도로 실망스러운 시기에도 다시 우뚝 일어서는 특성을 지니고 있다.

- **장기목표** 그들은 어떤 이들에게는 비현실적으로 보였을지 몰라도 자신에게는 북극성 역할을 해온 목표에 열정을 덧붙인다. 이를 통해 세계적인 유명세나 올림픽 출전의 영예를 얻는 사람도 있지만, 사고로 생긴 장애를 극복하거나, 마약과 알코올의 유혹을 극복하는 것처럼 보다 조용한 결과를 얻는 사람도 있다.

그릿은 새 병에 담긴 묵은 술인가?

긍정심리학의 아버지로 널리 알려진 마틴 셀리그만과 함께 연구하며 그릿 척도를 개발해낸 더크워스는 어려운 목표를 달성하기를 바라는 사람들과 실제로 달성하는 사람을 구분해주는 독특한 특성을 측정할 방법을 찾았다고 믿었다.

그릿 척도는 그릿의 구성요인과 연관된 다양한 동기와 성격 특성을 가려낸다. 예를 들어 어떤 사람은 집요하고 근면하지만 진심으로 가치를 두는 목표로 옮겨갈 열정은 없을 수 있다. 마찬가지로 어떤 사람은 열정의 화신이지만 좌절에 빠지면 힘든 목표에 계속 집중할 수 없을지 모른다. 누군가는 부지런하고 열정도 넘치지만 성취에 대한 외적 입증을 필요로 하기 때문에 트로피와 명성을 얻지 못하면 회복력을 발휘하지 못할 수도 있다.

성실성도 그릿과 유사하게 근면을 예측해주지만, 그릿은 절제하며 우직하게 목표를 추구하는 데 요구되는 행동들을 말한다. 그릿의 개념을 비판하는 사람들 중 일부는 "새 병에 담긴 묵은 술"처럼 성실성의 다른 이름에 지나지 않는다고 지적하지만, 더크워스는 그릿이 다른 결과를 가져오는 전혀 다른 구성개념이라고 반박했다. 성실성에는 그릿의 핵심요소인 '뜨거운 감정'이 수반되지 않는다는 점도 그녀의 근거 중 하나다.

성과 코칭 전문가로서 나 또한 목표를 설정하고, 추구하고, 달성하려면 성실성으로는 충분하지 않다는 주장에 전적으로 동의한다. 성실성은 희망이 사라져갈 때 꿈을 잊지 않게 해주지도 못하고, 새로운 환경에 맞춰 진로를 갑자기 바꿔야 할 때 필요한 특성도 아니다. 사실 나는 과도한 성실성이 오히려 해로운 경우도 확인했다. 나는 이를 '완고한 그릿'이라고 부른다.

코칭 전문가라면 사람들이 원하는 목표에 도달하는 데 필요한 모든 수단을 배워야만 한다. 그리고 사람들이 코칭을 통해 가장 얻고 싶은 결과는 회복탄력성과 그릿의 향상이다. 이미 그릿이 강한 사람들의 생각과 행동을 다룬 연구 외에도 아직 그에 미치지 못하는 사람들을 위한 코칭 전략을 수립하기 위해 검토할 것들은 많다.

나는 사람들의 삶에서 무엇이 부족하며 그 이유는 무엇인지 알아야만 한다. 그들의 인생관에 영향을 미친 가족들은 어땠는지, 현재 그들의 목표를 지지해주는 사람들은 누구인지, 지금 그들의 직장과 개인적 환경에서 무슨 일이 벌어지고 있는지 등도 알아야만 한다. 그런 변인들을 알지 못한다면 그들의 상황을 정확히 진단할 수 없고, 적절한 연구결과와 수단을 코칭 작업에 도입할 수도 없다.

그래서 나는 그릿에 관한 연구들은 물론이고 열정, 모험, 의지력, 친절, 겸손, 목표설정, 긍정적 관계에 관한 연구들을 자세히 검토하고, 그 정보를 다양한 변화 단계에 있는 남녀노소에게 효과적이고 효율적으로 사용하고 있다. 그 과정에서 "어려운 목표를 열정적으로 추구함으로써 다른 사람들 또한 더 나은 사람이 되고, 정서적으로 성숙해지며, 긍정적인 모험을 하도록 경외감과 영감을 선사하는 것"이 '진정한 그릿'이라는 나름의 정의를 내리게 됐다.

영향력이 없는 그릿은 긍정적이지 않다. 내가 내린 그릿의 정의는 내가 목격해온 탁월한 결과를 낳고, 훌륭한 유산을 남기는 그릿의 특징을 담아낸다고 생각한다. 이어지는 장들에서는 진정한 그릿을 구성하는 요소들에 대해 자세히 설명하며, 새로운 방식으로 그릿을 육성하는 방법들을 쉽게 이해할 수 있도록 할 것이다.

왜 지금 그릿인가?

최근 미국에서는 1980년에서 2000년 사이에 출생한 밀레니얼세대의 근면성 부족을 한탄하는 목소리가 커지고 있다. 《타임》이 "미미미 제너레이션Me Me Me Generation"이라는 별명을 붙인 이 세대가 잘못된 자존감 훈련의 산물이라는 것이다. 친구 같은 가족관계, 기회가 닿을 때마다 따뜻한 칭찬을 통해 개인의 자존감을 길러주려던 좋은 의도는 모든 측면에서 실패했다.

예외는 곳곳에 있지만(나도 밀레니얼세대 셋을 키웠지만 그 아이들을 높이 평가한다), 심리학자들은 밀레니얼세대의 대다수가 응당 받아야 할 피드백이나 비판에도 쉽게 상처받고, 자존감과 책임감이 강해진 게 아니라 나약하며 자아도취가 심하다고 지적한다.

이 세대의 대부분은 의미와 목적보다 명성과 돈에 가치를 두고, 노력하기보다는 편법을 찾고, 실패와 맞닥뜨리면 주저앉는다. 육체적 안락과 손쉬운 해결책에 빠져 있다. 지도를 읽을 줄도 모르고, 워드 프로그램의 맞춤법 확인 기능 없이는 제대로 글을 쓰는 법도 알지 못한다.

또한 어른을 리더가 아니라 동등한 존재로 바라보므로 경의를 표할 필요를 느끼지도 않는다. 이는 부분적으로는 많은 학교에서 교사에게 존칭을 붙이지 않고 이름을 부르도록 했기 때문이다.

이런 행동이 주는 충격에 관한 이야깃거리와 증거는 도처에 널렸고, 일각에서는 이에 대해 깊은 우려를 표명한다. 한 심리학자는 아이들이 다치지 않도록 플라스틱으로 만든 놀이기구 몇 개에 우레탄을 깔아놓은 "너무 단순화된" 놀이터가 성인이 되어서도 모험을 두려워하는 세대를 등장시켰다고 지적한다.

심지어 최근의 기업활동 감소까지 이런 현상 탓으로 돌리는 이들도 있다. 불황과 중산층 감소라는 요인을 감안하더라도, 새로운 사업을 창안하고 혁신을 일으켜야 할 청년들이 이전 세대에 비해 너무 안정을 추구한다는 것이다.

또한 아낌없는 찬사와 완벽한 평점만 강조해온 결과 고등학교와 대학교, 대학원에서까지 학점 인플레이션이 심해져서 일류 대학의 학점과 졸업장도 근면한 직원을 보증하지 못한다고 믿는 회사가 많아졌다.

자기통제의 실종은 역대 최고에 달한 미국인의 비만율에도 일조하고 있다. 실제로 미군에서는 미국 청년들이 "전투를 하기에는 너무 뚱뚱하다"는 보고서를 발표하기도 했다. 프로스포츠팀의 코치들은 스마트폰을 압수하지 않으면 고액 연봉을 받는 선수들조차 팀 회의에 집중하지 않는다고 한탄한다. 일부 코치는 프로의식도 없고 팀을 위해 희생할 줄도 모르는 신입 선수들을 코치하기 힘들다는 이유로 사임하기에 이르렀다.

그릿이 있어야 최고의 삶을 살 수 있다

바람직한 성과들을 내고 만족스러운 인생을 살기 위해서는 반드시 어려운 일들을 극복해야만 한다는 주장을 뒷받침해주는 증거들은 수없이 많다. 예를 들어 에드윈 로크Edwin Locke와 개리 레이섬Gary Latham은 최상의 성과를 올리고 싶다면 "도전이 필요한 구체적인" 목표가 필요하다고 주장한다. 그들이 발표한 목표설정 이론에 따르면 쉬운 목표 또는 낮은 목표는 중간 수준의 결과를 가져올 뿐 아니라 사람들에게 단조로운 느낌을 준다고 주장한다.

에드워드 데시Edward Deci와 리처드 라이언Richard Ryan은 자기결정 이론을 통해 사람은 아무 것도 하지 않으면 행복해질 수 없다고 말한다. 우리는 동류의식, 자율성, 유능감을 느끼기 위해 환경을 지배하려 한다. 그렇기 때문에 어떤 일을 하거나 하지 않아도 될 선택권이 주어졌을 때 바쁘게 생산적인 일을 하는 것을 선택하는 사람이 압도적으로 많다는 것이다. 대부분의 사람들이 잠자리에 들기 전에 그날 좋았던 일들을 돌이켜 생각하며, 가장 자랑스러웠던 일에 특히 주목한다는 새로운 연구도 있다.

우리에게 진정한 자존감을 선사하는 일은 편안하고 익숙한 영역의 쉬운 활동이나 행동이 결코 아니다. 어렵고, 도전정신을 자극하며, 때로는 고통스러운 순간들이야말로 우리를 자부심 넘치게 만들고, 우리의 능력과 미래에 대해 자신감과 희망을 품게 해준다.

그렇다면 우리의 목표달성을 가장 확실히 예측해주는 것으로 밝혀진 두 가지 특성은 무엇일까? 바로 그릿과 호기심이다.

당신에게 후회로 남을 일은 무엇인가?

사람들은 보통 인생의 갈림길에 섰을 때 전문가에게 도움을 청한다. 내가 관찰한 바로는 나이가 많건 적건 중요한 선택을 앞에 두었을 때 전문가의 책임 있는 지원과 안내를 받아 그 선택을 해나가기를 원한다.

그들은 쉬운 일을 숙고하느라 망설이지는 않는다. 그들이 망설이는 순간은 자신에게 익숙하고 편안한 영역을 벗어나지만 '하고 싶은 일'이 발생했을 때다. 그 일에 뛰어들기 위해서는 준비가 필요하기 때문이다. 그들은 그 선택이 얼마나 힘들지 알고 있으며, 그 목표에 도전하지 않는다면 진정한 행복을 느낄 수 없을 것이라는 사실도 이미 알고 있다.

전 세계의 수많은 사람을 코칭하면서 단언할 수 있는 것은, 자신에게 가장 만족하는 사람은 어려운 목표를 선택하고 이를 달성하기 위해 노력하는 동안 그릿이 향상된 이들이라는 사실이다. 그들은 코칭이 끝날 즈음에는 다른 사람이 되어 있다. 그릿을 기르고 목적을 달성하기 위해 그릿을 발휘하면 단지 자신감만 커지는 게 아니라 자아실현에 더 가까워진다.

가끔 자신이 무엇을 원하는지 100% 확신하지는 못하지만 자신의 인생에 아쉬움을 느끼고, 가보지 않은 길을 찾아내지 못하면 앞으로 만족스러운 삶을 살 수 없을 것이라는 사실만은 명확히 아는 사람도 존재한다. 그럴 때 내가 하는 질문이 있다. "죽음을 앞두고 인생을 돌이켜볼 때, 지금 변화시키지 않으면 후회할 일이 있다면 무엇인가요?"

이 질문은 항상 효과가 있다. 질문을 주고받는 동안 목표가 항상 드러나는데, 대체로 변화가 불가피한 원대한 목표들이다. 그리고 그 목표들을 결승선까지 추구하기 위해서는 특효약이 반드시 필요하다. 그것은 바로 열악한 조건 속에서 남다른 탁월함을 예견해주는 확실한 신호인 그릿이다!

그릿은 성장하는 특성인가?

현재 심리학계에서 가장 뜨거운 논란이 되고 있는 질문은 "그릿을 기를 수 있는가?"이다. 만약 가능하다면 방법은 무엇인가? 초기의 연구와 결과들은 기대를 걸어봄직한 방향을 제시해주었다.

스탠퍼드대학교 사회심리학과 교수이자 《마인드셋》의 저자인 캐롤 드웩의 연구에 주목해보자. 드웩은 타고난 지능을 칭찬받으며 성장한 아이는 '고정형 사고방식'을 갖게 된다는 사실을 발견했다. 예를 들어 퍼즐을 풀거나, 그림을 그리거나, 시합에서 이기거나, 우수한 성적을 받았을 때 "너는 정말 똑똑해!", "정말 멋지구나!", "당연히 그래야지!" 같은 반응이 주어지면 아이들은 특기나 재능을 타고나는 것으로 믿게 된다.

고정형 사고방식을 가진 아이들은 자신이 특별하다는 이미지와 믿음을 유지하기 위해 실패할 수도 있는 상황을 회피하게 된다. 그런 이미지와 믿음이 없다면 스스로를 가치 있는 존재로 느끼지 못하기 때문이다.

반면 결과와 상관없이 노력에 대해 칭찬받으며 성장한 아이는 '성장형 사고방식'을 발전시키게 된다. 즉, 아직 모르는 내용이 있더라도 끈기 있게 노력하면 처음에는 쉽게 이해되지 않았던 내용도 점차 배울 수 있다고 믿게 된다. 이런 아이들은 투지 있게 삶에 다가가고, 자신에게 주어진 도전과제를 포기하지 않을 뿐 아니라 즐기기까지 한다. 또한 좌절하고 실패할 조짐이 보여도 주저앉지 않으며, 계속 끈질기게 밀고 나가면 대개는 자신이 결과를 좌우할 수 있다고 믿는다.

금연, 다이어트, 행복과 같은 다른 행동과 마찬가지로 그릿 역시 전염된다는 사실이 연구를 통해 밝혀졌다. 실제로 미 육군사관학교에서는 그릿 점수가 낮은 생도들을 그릿 점수가 높은 생도들과 같은 방을 쓰게 했을 때 그릿 점수가 상승했다. 좌절감을 견뎌내거나 당장의 만족을 미루는 현명함, 실패 이후에 다시 일어서는 행동을 보며 긍정적인 영향을 받기 때문이다.

희망적인 것은 그릿이 일생에 걸쳐 발달한다는 사실이다. 이는 그릿이 인생의 경험을 통해 얻은 지혜일 뿐 아니라 구체적인 교육으로 기를 수 있는 특성임을 암시한다.

거울 뉴런과 가상현실

최근의 성격 특성에 관한 연구는 우리의 대표적인 성격 강점들을 활용해 목표를 효율적, 전략적으로 추구할 때 '조화로운 열정'을 극대화할 수 있다는 사실을 보여준다. 목표가 수영이든 수학 문제든, 새로운 것을 배울 때 느끼는 지루함을 벗어날 수 있게 해주기 때문이다.

또한 자기조절에 관한 연구는 의식적 연습이나 가상 아바타 활용 등과 같은 우리의 의지력을 기를 수 있는 무수히 많은 방법을 발견해냈다. 특히 가상현실 분야는 개발의 여지가 충분한데, 이에 관해서는 책의 후반부에서 좀 더 깊이 있게 다룰 계획이다.

최근에는 뇌의 작동 원리를 분석한 자료나 회복탄력성을 분석하는 검사도 쉽게 접할 수 있다. 새로운 것을 익힐 때 다른 사람이 학습하는 모습을 보면 학습이 쉬워진다는 거울 뉴런 연구결과나 뇌에서 그만두라는 명령을 받아야만 몸이 포기한다는 사실을 밝혀낸 지구력 시험 등이 대표적이다. 특히 지구력 시험결과는 사람들이 포기하고 싶은 유혹을 느낄 때 뇌의 경로를 변경함으로써 이를 극복할 수 있다는 독창적인 해결책을 이끌어낸다.

그림이나 영감을 주는 문장 등의 신호를 전략적으로 배치하면 절제력에 영향력을 미칠 수 있으며, 자신과 조건부 계약(OO하면 XX할 것이다)을 맺음으로써 어려운 목표를 달성할 확률을 세 배 더 높일 수 있다.

어떤 요인이
그릿 근육 키우기에 기여하는가?

그릿은 전염성이 있고, 육성 가능하며, 큰 꿈을 추구하는 과정에서 향상될 수 있다고 밝혀졌다. 그렇다면 그릿의 구성요소를 구분해 각각의 능력을 발달시킬 수 있지 않을까?

그릿은 열정, 회복탄력성, 흔들리지 않는 집중력으로 정의할 수 있다. 이러한 특징은 우리가 육성해야 하는 것에 대한 단서를 제공한다. 또한 투지가 강한 사람들을 연구하면서 그들 대부분이 인내심과 호기심 같은 결정적인 특성뿐만 아니라 겸손이라는 매력적인 특성을 가지고 있었고, 꿈을 이루는 과정에서 타인의 전폭적인 지지를 얻었다는 점에 주목했다. 나는 균형 잡힌 진정한 그릿 육성을 위해 관계 기술은 어떤 특징이 있는지, 생활하면서 긍정적인 정서를 자주 느끼는지, 의지력은 얼마나 강한지 등의 요소도 함께 검토해야 한다고 생각한다.

나의 그릿 성장기

내가 동기와 목표, 행복, 그릿과 관련된 일에 매진하는 데는 완전히 잘못된 성공 공식을 따르느라 고통받았던 어린 시절의 경험이 한몫했다. 하지만 성인이 된 후 인생을 재부팅하면서 올바른 목표를 찾아냈고, 목표를 달성할 끈기를 발휘하려면 무엇이 필요한지 터득함으로써 초반의 실패를 극복했다. 그 과정에서 그릿이 길러졌다.

경험에 비춰봤을 때, 그릿은 선택된 소수만이 가질 수 있는 특성이 결코 아니다. 간절한 바람으로 누가 말려도 멈추지 않고 최대한 추구하는 바를 달성하거나 거의 달성한 사람이라면 누구나 그릿을 가질 수 있다.

나는 워싱턴DC 외곽에서 어린 시절을 보냈다. 부족함 없는 환경에서 자랐고, 지능지수나 다른 외적 성공 척도에 따르면 똑똑했으며, 재능도 있었다. 덕분에 누가 봐도 훌륭한 학교에 입학할 수 있었다. 하지만 가족은 내게 더 완벽해질 것을 강요했고, 나 역시 학업과 과외활동 모두에서 뛰어나야 한다는 압박감에 짓눌려 있었다. 나는 실패가 무서웠고, 불완전한 모습을 보일까 봐 두려웠다.

결국 나는 손쉬운 길을 선택했다. 절제된 습관을 몸에 익히는 훈련 대신 당시 다니던 학교와 수영팀에 만연한 폭식증에 빠진 것이다. 폭식증은 섭식장애의 일종으로 어마어마한 양의 음식을 먹어치우고 일부러 토하기를 반복한다. 나는 그 짓을 7년 내내 반복했다. 내가 가진 끈기는 오직 이 행동을 비밀리에 지속하는 데만 작동했다.

폭식을 멈추고 싶었지만 도움을 청하는 데는 소극적이었다. 폭식증 치료 방법을 제대로 아는 전문가가 주변에 없었고, 끝이 보이지 않는 절망적인 상황에 처한 것처럼 느껴졌기 때문이기도 했다.

1983년 하버드대학교 졸업과 거의 동시에 결혼생활을 시작했다. 나는 그제야 아이비리그 졸업장도, 이상형과의 결혼도 최악의 상태에 이른 폭식증을 떨쳐버릴 정도로 나를 행복하게 만들어주지 않는다는 사실을 깨달았다.

그렇게 비참한 수렁에 빠져 있던 나는 1984년 초반 '그릿의 화신'이 되는 데 필요한 요소를 발견했다. 나는 스스로를 파괴하는 인생보다 더 나은 인생을 살고 싶었다. 폭식증을 치유하기 위해 필요하다면 뭐든 할 작정이었고, 올바른 치료법을 찾을 때까지 멈추지 않겠다고 결심했다.

나는 살겠다는 열정, 완벽한 몸매가 아니라 다른 것에서 행복을 찾겠다는 열정, 혼자 승자가 되는 방법을 찾는 대신 다른 사람에게 기여하겠다는 열정을 깨달았다. 그리고 그릿의 출발점은 바로 열정이었다.

강박성 섭식장애 치료 12단계 프로그램에 참여하면서 제일 먼저 들었던 말은 "모든 경험은 나눌 가치가 있다"는 구호였다. 내가 하루라도 강박적 폭식을 참아냈다면 남들에게 도움이 되는 소중한 경험이 생긴 것이었고, 그런 인식은 내게 목적의식과 겸손함을 제공했다.

나는 마침내 유혹과 극심한 감정 기복, 대인관계의 어려움과 같은 끝없이 이어지는 인생의 고난에 굴복하지 않는 방법을 찾았다. 음식이나 술, 약물에 의존하지 않고도 말이다. 그리고 늘 묻어두기에 급급했던 불편한 감정을 그대로 받아들이기 시작했다. 완전한 건강이라는 목표와 상충되는 사람과 장소를 피했고, 구체적인 날짜를 못 박지 않고 하루하루, 한 주 한 주, 한 달 한 달, 한 해 한 해 폭식증을 호전시키기 위해 모든 노력을 기울였다. 그러다 보니 20년 넘게 노력을 유지할 수 있었다.

폭식증을 극복하기 위해 첫발을 내디뎠을 때, 나에게는 그릿이 없었다. 하지만 지금의 내게는 그릿이 분명히 존재한다. 힘든 길이었지만 너무도 중요했던 목표에 도달할 때까지 포기하지 않았다. 그것이 인생을 더 달콤하고 충만하게 만들어줄 것이라는 사실을 깨달았기 때문이다.

당신도 그릿을 키울 수 있다. 내가 그래왔기 때문이다. 그리고 나는 온 힘을 기울여 당신이 스스로의 인생을 밝혀줄 목표를 선택하고 추구할 수 있도록 도울 것이다. 내 경험을 나누고 다른 사람을 돕지 않는다면 내가 발견한 그릿을 유지하고 만끽할 수 없기 때문이다.

지금 하지 않으면 후회할 인생의 목적

몇 년 전이었다. 한 여성이 내게 전화로 도움을 요청했다. 자신이 좋은 엄마인지 확신이 들지 않는다는 고민이었다. 그녀는 심리 치료를 통해 자신의 아동기, 이혼과정을 돌아봤지만 도움이 되지 않았다고 말했다. 그녀에게 필요한 것은 그녀의 인생에도 목적과 의미가 있다는 느낌이었다.

상담을 하던 의사는 그녀에게 나를 추천했다고 한다. 나라면 책임지고 그녀의 행동을 변화시킬 수 있을 것이며, 지금보다 더 행복하고 평온하게 만들어줄 것이라는 제안이었다. 의사는 내 방식이 지금까지 그녀가 경험한 치료 기법과는 다를 것이라는 사실도 알고 있었다.

그녀에게 물었다. "지금 하지 않으면 나중에 인생을 뒤돌아보면서 후회가 될 일이 뭐가 있을까요?" 대답이 곧바로 돌아왔다. "저는 세계 최초로 유방암에 관한 뮤지컬을 만들고 싶어요."

누구나 자신에게 부족한 점이나 자신이 원하는 바를 확실히 알고 있다. 나는 그저 다양한 방법으로 그 사실을 환기시키고 끄집어내 열망을 찾도록 도울 뿐이다. 다른 사람에게 꿈과 희망을 심어준다는 말은 애초부터 성립이 불가능하다. 스스로 동기를 부여하지 못하는 일에 열정을 불태울 수 있을까?

사실 내 고객들은 대체로 대단히 독특하고 고무적인 목표를 갖고 있었다. 그들이 오랜 시간 공들여 생각한 목표보다 더 보람 있고 만족스러운 목표를 내가 제안할 수는 결코 없을 것이다.

그녀는 바로 관객과 평단으로부터 극찬을 받은 〈브레스트 인 쇼〉의 제
작자 아일린 미처드다. 통화를 하고 2년 뒤 그녀는 〈브레스트 인 쇼〉의
첫 무대를 선보였고, 수천 달러의 암 연구기금을 조성하는 데 성공했다.

성공적인 공연 덕분에 열정과 에너지가 샘솟았지만, 심장 수술이라
는 장애물을 만나 제동이 걸리기도 했다. 하지만 1년 만에 다시 마라
톤과 조정을 시작할 정도로 고난은 오래가지 않았다. 최근에는 하프
마라톤에 참가한다며 소식을 전했고, 되살아난 열정 덕분에 하루하루
를 소중히 보내는 데 집중할 수 있다고 얘기했다. 무려 예순이 넘은 나
이에 말이다!

미처드의 사례는 사람들이 권태로움에서 벗어나 열정을 추구하겠다
는 단호한 결정을 내리는 순간부터 어떤 변화가 일어나는지 교과서적
으로 보여준다. 좌절의 순간이 언제 오든, 인생을 점검하고 새로운 방

〈브레스트 인 쇼〉의 한 장면 | 출처_ breastinshow.org

향으로 나아가려는 결심은 반드시 인생을 바꿔놓는 결실을 가져다준다. 그것이 섭식장애를 겪었던 어린 시절이든, 실패의 순간과 마주한 중년의 나이든 상관없다. 자녀들이 독립한 후 삶의 목적이 사라졌을 때도 마찬가지다.

우리에게는 30년이라는 세월이 덤으로 주어졌다. 은퇴 후의 시간을 풍요롭게 만들어야만 한다. 알리안츠생명보험의 조사에 의하면 지금 우리에게 덤으로 주어진 시간이 "후회되는 인생의 결정을 바꿔볼 두 번째 기회로 삼는 데" 사용되고 있다.

몽고에서 안장 없는 말 타기, 만리장성을 따라 달리기, 올림픽 출전하기, 자기 분야에서 상위 100명 안에 들기, 높은 수입을 올리던 컴퓨터 관련 경력을 버리고 가정식 배달사업 창업하기, 소파에 널브러진 생활을 탈피하고 철인 경기 완주하기, 평범한 가정주부의 삶에서 도시 기업가의 삶으로 변신하기, 안정적인 회계사 일을 그만두고 해외 천막촌에서 난민 간호하기…. 이 모두는 지난 수년간 고객들이 내게 털어놓은 목표다.

그들의 목표는 버킷리스트를 달성하는 것이 아니다. 이 사회나 세계에서 가장 큰 스포츠 대회, 공동체, 사생활 어디에서든 더 대담하고 자신에게 충실하게 살겠다는 다짐이었다. 호스피스 병동의 환자들이 가장 후회하는 것은 스스로가 아닌 다른 사람을 위한 인생을 살았다는 점이다.

우리가 자신의 목표를 추구하지 못하는 가장 큰 이유는 성공에 대한 두려움, 변화나 실패에 대한 두려움과 같은 두려움 때문이다. 가장 행복한 사람은 두려움과 마주하는 불편함을 감수하고, 그에 굴하지 않고 목표를 달성하기 위해 최대의 노력을 기울이고야 마는 사람, 즉 그릿을 발휘한 이들이었다.

그릿은 평생 필요하다

학업성취도를 결정짓는 학교생활, 치열한 환경에서 탁월한 성과를 내야 하는 군대나 스포츠팀, 집중력과 끈기, 리더십이 필요한 업무환경에서도 그릿은 중요한 성격 강점이다. 나는 우리가 어디에 사는 누구든, 하고 싶은 일이 무엇이든 상관없이 그릿이 필요하다고 믿는다.

행복한 삶을 살기 위해서는 끈질기게 중독 행동을 극복해내야 한다. 장애가 있는 자녀나 가족이 있다면 그들의 필요에 맞춰 살피고 돌봐야 하는 장기적이고 지속적인 도전과제와 마주해야 한다. 경제적 불확실성이나 끔찍한 사건 사고, 사회에 만연한 불행감 앞에 움츠러들어서는 안 된다. 계속 성장하고, 중년 이후에도 자신을 재창조하고, 미래 세대에게 용기를 보여주기 위해서 우리는 인내해야 한다.

고객들과의 상담이나 강연 후기를 보면 그릿의 중요성을 모르거나 정서적 회복력의 강화를 원하지 않는 것은 문제가 되지 않는다. 문제는 어떻게 해야 하고, 어디서부터 시작해야 하는지 모르는 것이다.

사람들은 무엇이든 허용하는 양육 방식이나 적당한 선에서 타협하게 만드는 사회 변화에 어떻게 맞서 싸워야 할지 모른다. 모든 일이 클릭 한 번으로 해결되고, 빠른 답변을 원하는 세상에서 어떻게 의지력을 끌어 모아야 할지 모른다. 뇌와 정서, 행동을 개선하는 과학 지식의 도움을 받을 줄도 모른다.

하지만 이 책을 놓지 않고 계속 읽어나간다면 곧 이 모든 것들을 알게 될 것이다. 그리고 당신의 삶을 개선해줄 수단을 갖게 될 것이다.

"절대로 포기의 종을 치지 말라"

윌리엄 맥레이븐 미국 특수작전사령부 사령관의 2014년 텍사스대학교 졸업식 축사 "세상을 변화시킨 10가지 방법"은 연설이 이어지는 18분 내내 참석자들에게 수없이 많은 박수갈채를 받았다. 그는 축사에서 살인적인 추위 속에서 하는 구보, 한치 앞도 보이지 않는 깊은 바다 속에서 육지 찾기, 몇 시간 동안 계속되는 지구력 훈련 후 곧바로 이어지는 근력 운동 등 네이비실 훈련병들이 견뎌내야 하는 시련들을 소개했다.

맥레이븐 사령관은 "진흙 속에 파묻혀 목만 나와 있어도 노래하고, 장애물을 향해 무턱대고 뛰어들고, 깊은 물속에서 홀로 두려움에 떨더라도 상어의 주둥이를 쳐야" 세상을 바꿀 수 있다고 말했다. 네이비실의 모든 훈련병들은 훈련 기간 중 적어도 한 번 이상 포기하고 싶은 유혹을 느끼지만, 그럼에도 그들이 포기하지 않는 이유를 축사 마지막에 소개했다.

"네이비실의 훈련장 한가운데에는 종이 하나 있습니다. 훈련을 포기하고 싶다면 그 종을 치면 됩니다. 종만 치면 더 이상 새벽 5시에 일어나지 않아도 되고, 살을 에는 차가운 물속에서 헤엄치지 않아도 됩니다. 더 이상의 구보도, 장애물 훈련도, 근력 운동도 하지 않습니다. 힘든 훈련을 견딜 필요가 없어지는 것입니다. 그냥 종만 치면 됩니다. 하지만 세상을 바꾸고 싶다면, 절대로 그 종을 치면 안 됩니다.”

그 종을 치지 않을 방법을 알고 싶다면, 인생의 목표가 무엇이든 상관없이 이 책을 읽으면 된다. 이 책에 담긴 사연과 연구들은 인생에 접근하는 새롭고 효과적인 방법과 투지 넘치는 최상의 상태로 만드는 희망과 자신감, 전략을 제공해줄 것이다.

당신에게 그릿이 생긴다면 어떤 일이 일어날까? 다른 사람들도 당신에게 고무될 것이고, 그 경외감을 경이로운 결과로 함께 발전시켜나갈 수 있다는 사실도 알게 될 것이다.

먼저 그릿은 어떻게 생기는지부터 살펴보도록 하자. 그릿을 양성하는 방식을 이해하고, 무엇이 그릿을 감소하게 만드는지 인식하는 것이 올바른 방향으로 나가는 첫걸음이 된다.

02장

사라진 기록 게시판

승리와 경쟁의 가치를 퇴색시키는 이상한 교육

2014년 9월 뉴욕에서 TEDx 강연을 마친 뒤 전화가 쉴 새 없이 울렸다. 여성단체, 기업, 병원, 외국 정부, 금융 전문가, 최고경영자, 대학교, 스포츠팀, 실리콘밸리 사업가들로부터 강연 요청이 쇄도했기 때문이다. 그들은 그릿의 중요성과 그릿을 향상시키는 방법을 알고 싶어 했다. 세계 각지의 라디오, 텔레비전 프로그램 인터뷰는 물론이고, 해피파이닷컴Happify.com에서 개발한 그릿을 키우는 법 프로그램에도 참여했다. 하지만 그릿을 향상시킬 수 있는 방법을 알고 싶은 전 세계적인 요청을 전부 수용하기는 어려웠다.

사람들은 꽤 오래전부터 가족과 학교, 회사, 지역사회에서 뭔가 잘못되어가고 있다는 사실을 어렴풋이 감지했다. 그릿과 관련된 강연과 연구를 접한 뒤에야 무슨 일이 일어나고 있는지 비로소 알게 됐다. 그리고 너무 늦기 전에 변화가 필요하다는 사실을 깨닫고 그릿을 향상시키는 방법을 찾아 헤매고 있던 것이다.

왜 기업은 성인인 직원들을 정시에 출근하게 만들고, 열심히 일하게 하고, 정중하고 겸손하게 행동하도록 만들기 위해 컨설턴트를 고용하고 있을까? 목표를 세우고, 실패해도 다시 일어나고, 비판을 수용하고, 탁월한 성과를 얻기 위해 노력하는 법을 가르치는 걸까? 우리는 어쩌다 여기까지 온 것일까? 과연 밀레니얼세대의 잘못뿐일까?

나는 그들의 잘못이 아니라고 믿는다. 그릿 수치가 낮아진 데는 우리 모두가 일조했다. 그릿 감소요인이었던 기준과 태도를 바꾸기 위해 이제 우리 모두가 힘을 모아야 한다.

사라진 기록 게시판

모두가 승자인 시대의 자녀교육과 관련된 이야기를 하나 들려주려 한다. 다음 이야기는 자녀를 어떻게든 특별하고 행복한 존재로 만든다는 명목 아래 수많은 부모가 자행하는 어리석은 행동을 잘 보여준다.

이야기에서 가장 중요한 부분은 아이들이 그들의 삶에서 높은 기준을 없애버린 것에 대해 느끼는 감정이다. 아이들의 반응을 보면서 왜 모두가 승자인 교육이 잘못되었는지 깊이 생각할 수 있었다.

1990년대 후반, 장남인 헤이우드에게 수영에 재능이 있다는 확신이 들자 남편과 나는 곧바로 워싱턴DC 서머리그summer league에 소속된 한 팀에 아이를 등록했다. 쟁쟁한 선수들을 배출한 팀이었고, 등록하는 순간부터 그들의 전통에 대해 들어야 했다. 1970년대 후반부터 1980년대 초반까지 전국 대회, 세계 대회, 올림픽까지 휩쓴 선수들의 이름이 끝없이 이어졌다.

호기심이 생긴 남편과 나는 기록 게시판을 볼 수 있냐고 물었다. 위대한 선수들의 어릴 적 기록은 얼마나 놀라울지 보고 싶었고, 헤이우드도 관심 있을 것 같았기 때문이다. 그런데 놀라운 대답이 돌아왔다. 기록 게시판을 사무실 안쪽에 일부러 숨겨두었다는 것이다.

"그 선수들의 예전 기록이 얼마나 빠른지 본다면 아이들이 실망할 수도 있어서요." 한 엄마가 진지한 얼굴로 설명했다. 부모들이 판단하기에는 위대한 선수들의 근면성과 수상 경력은 아이들이 닮아야 할 롤모델이 아니었다. 오히려 위대한 선수들의 기록에 근접하지 못하면 아이들이 실망하고 자신감을 잃게 될까 봐 두려워했다.

몇 년 뒤 나는 팀의 학부모 대표가 되었고, 이 터무니없는 일을 바로잡기로 결심했다. 우리 팀이 달성한 역대 최고 기록을 적은 기록 게시판을 만들었고, 선배들의 전성기 때 찍은 사진과 달성한 기록을 칭찬하는 글도 함께 붙였다. 공개 헌정식에 위대한 선수들을 초청해 특별 강습까지 부탁했다. 그들을 보기 위해 서머리그에 소속된 다른 수십 개 팀이 몰려든 덕분에 행사는 성황리에 끝마칠 수 있었다.

기록 게시판을 본 아이들의 반응은 동요와는 완전히 상반되는 것이었다. 우리 팀과 시합을 하러 온 상대 팀 선수들이 제일 먼저 한 일은 기록 게시판을 보고 일류 선수들의 수준은 어느 정도인지 확인하는 것이었다. 아이들은 기록 게시판에 이름을 올리려면 얼마나 빠른 기록을 내야 하는지 가늠했다. 우리 팀 선수들도 마찬가지였다. 아이들은 연습을 끝내고 언젠가 자신의 이름이 올라가는 상상을 하며 기록 게시판의 기록과 사진을 가리켰다.

기록 게시판에 대한 이야기를 할 때 벤 고든이라는 아이를 빼놓을 수 없다. 2003년 기록 게시판을 다시 걸었을 당시, 고든은 열다섯 살이었다. 아이가 게시판 앞에 앉아 위대한 선수들의 기록을 가만히 바라보는 모습이 자주 눈에 띄었다.

고든이 대학 입학으로 팀을 떠나기 몇 개월 전, 나를 찾아와 이런 이야기를 했다. "선생님, 저도 저 정도 기록을 낼 수 있을 것 같아요."

고든이 말한 기록은 고등부 남자 100미터 배영 기록이었다. 곧 있을 대회에서 기록 경신에 도전할 것이라는 말도 함께 남겼다. 나는 흥분한 상태로 계시원 일곱 명을 준비시켰고, 대회 당일에는 〈로키〉 주제곡을 틀었다. 고든이 입장할 때 장내방송을 통해 관중들에게 이런 말도 했다. "벤 고든이 기록 게시판에서 가장 오래된 기록 중 하나를 오늘 경신할 것입니다. 우리 모두 응원을 보냅시다!"

출발 신호와 함께 고든이 물속으로 뛰어들자 수백 명의 사람들이 순식간에 수영장 가장자리를 둘러쌌다. 그들은 고든이 물살을 가르며 나아가는 내내 고든의 이름을 연호하며 박수를 보냈다.

마침내 고든이 터치패드를 찍었다. 모든 계시원이 스톱워치의 결과를 비교하기 위해 서로를 바라보았고, 함박웃음을 지었다. 고든은 0.1초 차이로 기록을 경신했다. 활짝 웃으며 신나게 주먹을 흔드는 고든의 반응은 돈으로도 살 수 없는 것이었다. 관중들은 몇 분이나 환호하면서 고든과 고든의 대담함에 경의를 보냈다.

이 이야기의 교훈은 무엇일까? 우리 아이들의 삶에서 경쟁과 높은 기준이 그들을 위협하거나 불행하게 만들지 않는다는 것이다. 오히려 높은 기준을 설정함으로써 목표를 높게 잡고, 노력하고, 발전 정도를 측정하고, 자신의 위치가 어디쯤인지 평가할 수 있게 된다.

표현은 못 하지만, 사람들은 내심 최상급 기량이 어떤 것인지 알고 싶어 한다. 합당한 인정을 받기 위해 아이들이 노력할 때, 일부 부모들이 이를 대체하기 위해 했던 그 어떤 가짜 칭찬보다 더 의미 있는 긍지를 갖는다.

승리에 대한 집착과 진정한 경쟁의 실종

캘리포니아 새크라멘토에서 부활절 달걀 찾기 세계 기록에 도전하는 행사가 2015년에 열렸다. 그 행사를 찍은 뉴스를 강의에서 종종 보여주는데, 반응이 꽤 좋은 편이다. 영상에서는 캘리포니아 전역에서 모인 수천 명의 아이들이 행사장 주변에 숨겨놓은 돈과 특별상품이 담긴 50만 개의 부활절 달걀을 먼저 찾으려고 경쟁하는 모습이 나온다.

행사가 시작되자마자 상품을 차지하기 위해 부모들이 다른 부모, 심지어 아이들을 경쟁적으로 밀쳐대는 바람에 행사장은 아수라장으로 전락한다. 자신의 아이들이 다치지 않도록 옆구리에 꼭 안은 엄마는 기진맥진한 상태로 비명을 질렀다. 어른들은 자식에게 줄 전리품을 최대한 많이 차지하는 데만 혈안이 되어 두세 살짜리 아이들까지 밀쳐댔다.

유감스럽지만, 이는 특이한 사례도 아니다. 자식에게 승리를 안겨주기 위해, 유리한 위치를 선점해주기 위해 부끄러운 줄도 모르고 불법행위를 서슴지 않는 부모들의 이야기가 내 폴더 안에 가득하다.

자식의 인생에서 위협적인 요소를 전부 없애주려는 부모들을 일컫는 '헬리콥터 부모', '제설차 부모', '잔디깎기 부모'라는 신조어까지 등장했다. 이 부모들이 혈안이 된 것은 비단 승부만이 아니다. 자식들이 실패나 실망을 맛보는 일이 없도록 자식들의 인생에서 모든 장애물과 어려움, 고통을 제거하려 든다. 만약 원하는 바를 얻지 못하면 어김없이 고소와 협박을 들이댄다.

학원 스포츠 분야에서는 이런 일이 비일비재하게 일어난다. 재력가 부모들이나 자녀의 출전시간이 부족하다고 느껴지면 팀과 코치를 상대로 소송을 벌인다고 생각하는데, 이는 부모의 경제력과는 무관하다. 저소득층 지역에서는 코치나 심판을 상대로 한 언쟁과 주먹다짐이 흔하게 일어난다. 승부만을 중시하면 어떻게 되는지 가르쳐주기 위해 아이들이 아주 어렸을 때부터 부모들이 직접 시범을 보이는 걸까?

어떤 코치는 선수들에게 나중에 쉬운 상대와 붙을 수 있게 이번 시합에서 지라는 지시를 내렸다가 적발되기도 했다. 이는 항상 최선의 노력을 다하며, 품위 있게 승리하고 패배해야 한다는 스포츠를 통해 배울 수 있는 중요한 인생의 교훈을 빼앗는 것이다.

이런 자녀교육으로 인해 발생하는 역효과 중 가장 많이 언급되는 것이 바로 '트로피 문화'다. 2004년 제작된 영화 〈미트 페어런츠2〉는 주인공 벤 스틸러의 부모가 그가 받은 9등 트로피를 약혼녀의 부모에게 보여주는 장면을 통해 트로피 문화를 조롱하기도 했다.

자존감교육의 최대 수혜는 트로피 제작업체가 가지고 갔다. 트로피 제작산업은 급속도로 성장해 현재 매년 30억 달러(약 3조 2,000억 원) 이상의 수입을 올리고 있다. 역설적이게도 자존감교육의 최대 피해자는 참석만 하면 트로피를 받고 특별한 존재로 인정받는다고 학습된 아이들이다.

트로피 문화는 동기부여뿐만 아니라 아이들의 뇌에도 영향을 미친다. 아무 일도 하지 않았는데 보상을 받게 되면 뇌에서는 부분 강화 소거 효과partial reinforcement extinction effect가 발생한다. 이를 측정하기 위해 실험용 쥐를 미로에 가둔 후 미로를 빠져나가지 못하거나 가만히 서 있기만 해도(심지어 전혀 움직이지 않아도) 보상(설탕물)을 받도록 했다. 그 결과 실험용 쥐의 운동성이 떨어졌고, 미로에 대한 호기심도 완전히 잃었다.

우수한 운동선수에 대한 과도한 보상은 과거에 생각했던 것보다 훨씬 심각한 악영향을 끼치는 것처럼 보인다. 〈월스트리트저널〉의 기사에 따르면 트로피 문화에 영향을 받은 현재 마라토너들의 기록이 이전 세대보다 평균 44분이 늦어졌다고 한다. 육상연맹 관계자들은 문제의 근원을 4초에 달리든, 4분, 4시간에 달리든 똑같은 보상을 받은 아이들이 노력하는 법을 배우려는 동기가 약해진 데서 찾았다.

아이들은 이제 참석만으로 축하받기를 기대하고 있다. 한 관계자는 컬러런color run(참가자들에게 물감이나 반짝이를 뿌리며 기록도 재지 않는 이색 마라톤 대회) 같은 대회를 보며 이렇게 한탄했다. "이건 시합을 하는 게 아닙니다. 퍼레이드를 하는 거죠."

"문제는 부모다!"

이런 일은 학교에서도 벌어지고 있다. 내가 도전의식을 불태우며 행복한 학창 시절을 보냈던 NCS National Cathedral School(국립성당학교)는 높은 명문 대학 진학률 덕분에 지원자가 대거 몰리는 여학교다. 1990년대 후반 책을 출판하는 과정을 강의하기 위해 동창회 운영위원회에 참석했고, 회의를 끝내고도 학교에 남아 재학생들과 대화를 나눴다.

긴 복도를 거닐며 지난 수십 년간 학교에서 수여하는 최고의 상을 받은 학생들의 이름이 붙은 벽을 구경하던 중이었다. 그런데 어느 순간 명단이 끊겨 있다는 사실을 발견했다. 사실 나는 주교님이 주는 우등상을 간신히, 딱 한 번 받았다. 다양한 배경을 가진 똑똑한 동급생들 사이에서 어떤 상이라도 받을 수 있다면 다행이라고 생각했던 시절이었다. 성적이 B 이하인 과목이 없는 학생에게 수여하는 우등상은 학교에서 주는 최고의 상은 아니었지만 내게는 처음으로 성적을 인정받는 상이었기에 의미가 컸다.

명단이 어디로 갔는지 확인하기 위해 교장실을 찾았다. "주교 우등상 수상자 명단은 어디에 있나요?" 내가 졸업한 뒤 부임한 교장은 현실적인 사람이었다. 내 질문에 힘없이 미소를 지으며 나를 바라보았다. 이내 어색한 미소와 함께 이렇게 말했다.

"요즘 학부모들은 당신이 학교를 다녔던 시절의 학부모들과 달라요. 예전에는 그 상이 의미가 있었습니다. 하지만 대학에 진학하는 데 지장이 있으니 자기 딸에게 B 이하의 성적을 주지 말라고 전화하는 학부모들이 생기기 시작했죠. 그런 학부모들의 등쌀 때문에 학생에게 합당한 성적을 주기가 힘들어졌고, 그러다 보니 우등상 수상자가 너무 많이 나오게 되었습니다. 어떨 때는 전교생의 절반이 우등상을 받기도 했습니다. 그 지경이 되고 보니 우등상이 전혀 의미가 없는 상이 되어버려 시상을 중단했습니다."

학점 인플레이션이 심하다는 말이나 학부모들이 그런 요구를 한다는 이야기는 들어본 적이 있었다. 그래도 자긍심 넘치는 내 모교는 그러지 않을 것이라고 순진하게 생각했던 것 같다. 내 생각은 완전히 틀렸다.

이런 추세는 곳곳에서 목격할 수 있다. 실제로 오하이오의 한 고등학교는 2015년 졸업식에서 222명의 최우수 졸업생을 배출했다. 학점 인플레이션으로 인해 너무 많은 승자가 나온 것이다. 학교는 이제 노력 여부와 상관없이 아이들에게 (부모가 생각하기에 아이들에게 필요한) 상을 수여한다. 이를 통해 아이들이 다음 단계에서도 쉽게 성과를 낼 수 있게 만든다.

이렇게 하지 않는 학교는 더 이상 찾기 힘들다. 하지만 엄격한 학교야말로 탁월한 역량과 그릿을 길러주는 훈련과 피드백을 제공하는 곳이다.

진정한 승자에 대한 반감

너무 많은 사람이 승자가 되고, 특별한 존재로 여겨진다. 그렇게 되면 정말 뛰어난 사람을 인정하고 그에게 상을 주는 것이 힘들어진다. 스펠링비 우승자들에게 쏟아지던 SNS상의 끔찍한 증오의 글만 봐도 그렇다. 그들은 다른 아이들보다 더 많이, 더 열심히 공부한 결선 진출자들을 칭찬하는 대신 인도계 미국인 학생들이 대회를 독식한다고 비난한다. '진정한 미국인' 아이들이 우승했어야 한다고 주장하는 이들도 많았다.

조롱까지는 아니더라도, 탁월한 업적을 낸 사람들을 무시하고 폄하하는 경우도 있다. 텍사스의 공립고등학교 한 곳은 졸업식에서 명예학생단체 휘장을 착용하지 못하도록 했다. 학업, 리더십, 봉사활동, 품성 등이 뛰어난 고등학생에게 수여하는 이 휘장이 다른 학생들에게 소외감을 준다는 이유였다.

"경쟁은 불건전하다"는 이유로 최우수 졸업생을 선발하지 않는 학교도 있다. (경쟁을 조장하고 스트레스를 유발하기 때문에 그런 결정을 내렸다고 한다.) 학업 스트레스가 유해하다고 판단한 한 교육위원회는 졸업 학기 기말고사 폐지를 표결에 부쳤다. 교사들은 학생들이 마지막 학기까지 수업에 출석하고 열심히 공부할 이유를 없애버리는 조치라며 반대했지만 결국 통과됐다.

학점은 누구를 위한 것인가?

내가 목격한 가장 이상한 현상은 학점 인플레이션이 아니라 학점제 자체를 폐지하는 추세다. 학생들이 학교에서 학업 스트레스에 시달릴 것이라는 우려는 아이러니가 아닐 수 없다.

현재 세대의 학생들이 받는 수업은 전 세대에 비해 덜 엄격하고, 수업에서 가르치는 지식 자체도 적다. 그럼에도 불구하고 오늘날의 학생들은 스스로를 더 똑똑하다고 생각한다. 그들 부모세대보다 절대적인 공부량도 부족하다. 텔레비전과 스마트폰이 제공하는 수많은 오락거리 때문이다. 하지만 그들은 좋은 성적을 원하고, 출석만으로 최소 B는 받아야 한다고 믿는다.

1960년대 대학생의 평균 학점은 C다. 그때는 이 점수가 꽤 괜찮은 학점이었다. 하지만 지금은 아이비리그를 포함한 대부분의 학교가 상대평가를 포기했다. 하버드대학교의 최근 평균 평점은 얼마일까? 무려 A^-에 이른다.

학생들이 주교 우등상을 받을 수 있도록 과제와 시험 성적에 관계없이 다수에게 B 이상의 성적을 주는 데 모교의 교사들은 동의하지 않았을 것이다. 하버드대학교 교수들도 마찬가지다. 상대평가 폐지가 독특한 사고를 바탕으로 상충하는 정보를 걸러내는 대학교육에 역행하는 조치라는 사실을 알고 있었을 것이다.

스탠퍼드대학교 후버연구소에서 진행한 인터뷰에서 하비 맨스필드 하버드대학교 교수는 학생들이 일류 대학원으로 직행할 수 있도록 '적절한' 학점을 주라고 압박하는 현재 상황이 경멸적이라고 말했다. 그는 학생들이 받은 (실제로는 받을 자격이 없는) 높은 학점이 자신의 능력으로 따낸 것이라고 믿는 어리석음을 범하지 않도록 '반어적 채점' 방식을 고안했다.

맨스필드는 성적표가 나갈 때쯤 학생들을 연구실로 불러 공식적인 성적증명서에 기재될 점수라는 안내와 함께 본인의 학점이 적힌 종이를 건넸다. 그런 다음 학생에게 두 번째 종이를 주는데, 이 종이에 적힌 점수가 실제로 학생이 받는 점수라는 것이다.

학생들에게 중요한 것은 두 번째 종이에 적힌 학점이다. 우리가 그런 것처럼, 그들도 받을 자격이 없는 성적을 받았다는 사실을 충분히 인지하고 있다.

거짓 칭찬과 부풀린 성적증명서는 진정한 자신감을 기르는 데 전혀 도움이 되지 않는다. 반면 솔직한 피드백과 높게 설정된 기준은 자기 수준이 어디쯤이고 우수한 결과를 내려면 무엇을 해야만 하는지 이해하는 데 큰 도움이 된다.

맨스필드가 건네준 두 번째 종이에도 높은 학점이 적혀 있다면 앞으로도 계속 자랑거리가 될 일이다. 엄격하고 명쾌한 기준을 통과한 실제 결과라는 사실을 모두가 알고 있기 때문이다. 흔해빠진 고등학교 수석 졸업과 달리 맨스필드에게 높은 학점을 받기란 바다 속에서 금화를 발견하는 것만큼 어렵다.

어느 쪽이 학생들에게 무게 있게 다가오리라고 생각하는가? 여러분이 진정한 그릿을 발전시키고 싶다면 어떤 접근법을 선택하겠는가?

느슨한 평가 방식 덕분에 손쉽게 A를 받는 것이 학생들에게 도움이 되는 경우도 있다. 내 아이들도 어떤 부분에서는 실제로 도움을 받기도 했다. 하지만 학생들이 정말로 그것을 원하는지는 확실하지 않다. 학교 공부가 너무 쉽다고 말하는 학생들이 많다는 것이 그 근거다. 교육통계센터에서 격년으로 시행하는 설문조사에서 4학년 학생의 37%가 수학에 흥미를 느끼지 못한다고 답했다. 역사 과목을 수강하는 8학년 학생의 51%는 수업 내용이 '자주' 또는 '항상' 너무 쉽다고 응답했다.

내 고객 중 공허한 칭찬만 하거나 목표를 달성하는 데 얼마나 진전이 있었는지 솔직하게 피드백하지 않고 듣기 좋은 말만 했는데 그릿이 길러진 사람은 단 한 명도 없었다. 떠받들어주거나, 자만심을 키워주거나, 어려운 대화를 피하거나, 힘든 질문을 거부하는 것은 누구에게도 보탬이 되지 않는다. 당사자가 잠재력을 실현하는 데도 도움이 되지 않는다. 우리에게 실패가 결코 허용되지 않는다면 우리가 옳은 방향으로 가고 있는지 어떻게 알겠는가? 사람들이 노력에 박차를 가하고, 동기를 평가하고, 더욱 노력하게 해줄 데이터를 앗아가는 것은 어리석은 짓이며 탁월성과 그릿의 추구와는 모순되는 일이다.

안전한 공간에서 길러진 세대

밀레니얼세대의 부모들이 자식을 나약하게 키웠다는 혐의를 받고 있지만, 당시 유행하던 과학적 조언을 잘못 판단해 자녀교육에 실패한 최초의 부모는 아니다. 그들은 밀레니얼세대를 위험한 세상에서 구조되어야 할 존재처럼 유별나게 키웠다.

태어나서 처음 집에 들어오는 순간부터 유별난 양육이 시작된다. 콘센트는 안전 덮개로 덮여 있고, 물병은 아이들이 열지 못하도록 만든 뚜껑으로 꽁꽁 닫혀 있다. 밀레니얼세대는 안전 기준을 통과한 유아용 카시트와 유모차에 앉혀 실려 다녔다. 대부분의 아이들은 집에서 나오는 일도 거의 없는데 혹시 놀이터에 갔다 다칠까 봐 놀이기구를 모두 플라스틱으로 제작했고, 모서리를 둥글게 했다. 그네에는 심지어 안전띠도 있다.

사고가 생길 수 있고, 실제로 생기기 때문에 자녀를 사랑하는 우리는 아이가 다칠까 봐 지레 걱정한다. 물론 그런 염려 때문에 아이들의 환경은 점점 안전해지긴 했다. 그런데 우리가 간과했던 것이 있다. 그릿이 향상되려면 모험하는 법도 배워야 하며, 심지어는 원치 않는 질병과 좌절에도 노출되어야 한다는 사실이다.

이전 세대와 다르게 X세대와 밀레니얼세대 대부분에게는 역경을 통해 배운 경험이 없다. 그들이 어렸을 때 학교와 지역사회는 위험하다는 이유로 술래잡기, 피구, 썰매 같은 놀이를 금지시켰다. 자라서는 자율주행 자동차 덕분에 수동기어 조작이나 평행주차 같은 어려운 운전

기술을 익히지도 않는다. 운전을 할 때도 스마트폰만 보면 된다. 스마트폰은 어디로 어떻게 가야 할지 알려주고, 그들의 모든 움직임을 그들의 부모에게 전송해주기도 한다.

자식을 모든 위험으로부터 지키고 싶은 일부 부모들은 콘센트를 덮개로 막는 수준이 아니라 자녀를 동요하게 만들 수 있는 어떤 것도 듣지도 보지도 못하게 눈과 귀를 가리기도 한다. 비판적인 평가나 나쁜 점수를 보면 아이들이 충격을 받을 수 있기 때문에 성적표 공개를 대단히 신중하게 해야 한다는 뉴욕의 한 초등학교의 방침과 유사하다. 심지어 이 학교는 아이가 충격을 받을까 걱정하는 부모에게는 아이가 속상하지 않을 만한 가짜 성적표를 만들어주기도 한다.

아이가 받아들이기 힘들 것이라고 부모가 판단한 것은 진짜 성적표만이 아니다. 많은 초중고 학부모가 자녀에게 부적합하다고 판단한 책을 금서로 지정할 것을 요청하고 있으며, 학교는 이를 순순히 받아들이고 있다. 금서 목록에는 《허클베리 핀의 모험》과 《해리 포터와 마법사의 돌》 같은 책도 포함되어 있다.

지적으로 허약한 10대들이 대학 진학 후 토론 수업 때문에 트라우마가 생겼다며 항의하는 일도 종종 발생한다. 자신의 감정에 상처를 줬다는 이유인데, 이런 일들이 토론 상대방 학생이나 교수들의 이력을 망치고 있다. 학생들이 두려워졌다는 교수까지 등장할 지경이다.

토의와 토론에 익숙한 강연자들도 위험을 느끼기 쉬운 민감한 사람들의 비위를 건드리지 않으려다 허둥대기 일쑤다. 미국에서는 이런 불안 문제 때문에 초청이 취소된 졸업식 축사 연사가 너무 많아 5월은 '초청 취소의 계절'로 불린다. 지난 15년간 무려 53명의 초청이 취소되었는데, 대통령 역사학자인 도리스 굿윈, 크리스틴 라가르드 IMF 총재, 콘돌리자 라이스 전 미국 국무부 장관, 조지 부시와 버락 오바마 전 대통령이 대표적이다.

안토닌 스칼리아는 대법원 판사로 명망이 높았다. 그는 의견서를 쓸 때 자신과 견해가 다른 서기를 꼭 한 명씩 선정했는데, 의견서를 쓸 때 반대 주장을 듣기 위해서였다고 한다.

자신 없는 리더는 주위를 예스맨으로 둘러싸는 심각한 실수를 저지른다. 하지만 스칼리아처럼 자신만만하고 성공한 사람들은 항상 다른 관점에 귀를 기울여 최대한 많은 사실을 고려한 후 최종 판단을 내린다.

만약 우리에게 소중한 사람들이 자신이 이미 알고 있거나 동의하는 사실 외에는 듣지 않는다면 어떻게 될까? 분명한 한 가지는, 그릿의 필수요소인 자신감과 겸손함이 부족해질 것이라는 사실이다. 그것이 무엇이든, 해야 하는 일을 잘하게 해줄 정보도 찾지 않는 사람이 될 것이다.

심각한 불안과 우울증이 젊은 층에 급속하게 확산되면서 피해의식이 통제 불능 상태로 치닫고 있다. 그릿 트레이닝을 위한 환경을 크게 악화시키는 이 현상의 피해 사례는 너무도 많다.

지금부터 들려줄 이야기는 현재 상황이 어떤지 보여주는 대표적인 사례들이다. 젊은이들이 다른 사람의 감정을 차단하고, 자신의 감정에 더욱 집중하는 동시에, 정서적으로 강한 회복력을 유지하고, 반대 시각을 가진 타인으로부터 배우는 능력을 기르는 것을 우리 사회가 어떻게 가로막고 있는지 보여주는 사례들은 불편한 현실을 적나라하게 보여줄 것이다.

"여기는 탁아소가 아닙니다. 이곳은 대학입니다!"

몇 년 전 브라운대학교에서 캠퍼스 내 강간 문화에 대한 토론회를 개최했을 때의 일이다. 일부 학생들은 자신들 가까이에서 강간에 대한 다른 두 시각이 표출된다면 정신적 외상을 입을 것이라며 시위를 했다. 교직원들은 시위에 참여한 학생들이 학교 안에서 벌어지는 위험한 토론으로부터 차단되었다고 느낄 수 있는 '안전한 공간'을 마련하는 조치를 취했다.

〈뉴욕타임스〉는 '두려운 생각은 회피해버리는 대학'이라는 제목의 칼럼에서 그날 밤 브라운대학교에서 벌어진 일을 묘사했다. 피해를 호소한 학생 수십 명이 안전 공간을 찾았고, 부드러운 조명이 켜진 그곳에는 컬러링 책과 초콜릿 쿠키에 강아지가 뛰노는 영상이 반복 재생되고 있었다고 한다.

불안감을 느끼는 학생들의 불평에 모든 대학이 브라운대학교처럼 소심하게 대응한 것은 아니다. 2015년 오클라호마 웨슬리언대학교 에버릿 파이퍼 총장은 전 학생과 교직원에게 공개서한을 보냈다. 그가 얼마 전 일요일 아침에 사랑에 관한 설교를 끝냈을 때 한 학생이 화를 내며 다가와서는 자신과 동료들이 설교를 듣는 동안 불편을 느꼈다며 사과를 요구했다는 것이었다.

이유가 뭐였을까? 설교에서 주장한 방식과 똑같은 사랑을 실천하지 않는다면 비난받아야 한다는 말처럼 들렸다는 것이다. 파이퍼는 교직원과 학생들에게 보낸 공개서한에서 사과 대신 만연한 피해의식 문화에 대한 자신의 비판 의견을 밝혔다. 그의 편지 내용은 다음과 같다.

"우리 문화는 사실상 아이들이 자신에게 몰두하고 자아도취에 빠지도록 가르쳤습니다. 그들은 감정을 다칠 때마다 피해자라고 합니다. 감히 그들에게 이의를 제기해서 그들을 낙담시키는 사람은 누구나 '혐오주의자', '편협한 사람', '압제자', '가해자'로 불립니다."

파이퍼의 편지는 이렇게 끝을 맺는다.

"웨슬리언대학교는 '안전한 장소' 아니라 배움의 장소입니다. 인생에서 중요한 것은 여러분이 아니라 타인이며, 설교를 듣는 동안 여러분이 느낀 불편한 감정은 죄책감이라는 것입니다. 죄책감에 대응하는 방식은 타인의 잘못된 점을 일일이 비난하는 것이 아니라 스스로 회개하는 것입니다. 웨슬리언대학교는 여러분이 잘못을 회개하는 방법을 배우는 곳입니다. 여러분이 성숙해져야 한다는 사실을 배워야 하는 곳입니다. 이곳은 탁아소가 아닙니다. 이곳은 대학입니다!"

일부 졸업생은 이런 학생들의 요구를 용인하는 모교에 대한 우려를 기부 거절로 표현하면서 그것만이 "상황을 변화시킬 유일한 방법"이라고 이유를 밝혔다. 가족 모두가 애머스트칼리지 동문인 로버트 롱스워스는 마스코트 제거를 비롯한 쟁점들 때문에 학내에서 시위가 이어지자 이에 불만을 느끼고 동창회장직과 뉴욕시 동문회장직을 사임한다고 발표했다. 그는 애머스트가 "고등교육의 전당이라는 본연의 임무에 충실하기보다 정치적 사명에 몰두하고 있다"며 기자들에게 불평했다.

신입생이 캠퍼스에 발을 들여놓기 전에 선을 그어두는 학교들도 있다. 2016년 9월 시카고대학교 학생처장은 신입생에게 보내는 환영 편지에서 시카고대학교는 안전한 공간으로부터 안전한 곳이라고 선언했다.

"학문의 자유를 보장하기 위해 노력하는 본교는 소위 유해성 경고 문구를 지지하지 않고, 초청 연사의 주제가 논란이 될 수 있다는 이유로 초청을 취소하지 않으며, 개인적으로 상충되는 생각과 관점으로부터 도피할 수 있는 지적 '안전 공간'의 설치를 묵인하지 않습니다. … 의견과 성장환경의 다양성은 공동체의 바탕이 되는 힘입니다. 공동체 구성원은 광범위한 생각을 지지하고 탐색할 자유를 누려야만 합니다."

의미 있는 목적을 위해 싸우지 않고, 양심의 가책을 느끼게 하거나 비판적인 사고를 하도록 만드는 어떤 말도 들으려 하지 않는 청년들이 도전해올 때 이런 식으로 한계를 지어줄 성인과 기관이 우리에게 필요하다. 청년들이 자신과 자신의 상처 속에 빠져 있게 놓아둔다면 어떻게 그들이 그릿을 가질 수 있겠는가?

"심리 치료용 돼지를 데려가도 될까요?"

자녀 셋이 집을 떠나 대학을 다니는 동안 안부를 가장 궁금해했던 존재는 사랑하는 우리 개 스플래시였다. 스플래시는 어릴 적 키웠던 많은 반려동물이 그랬듯이 아이들 삶의 중심이었다. 아이들과 영상통화를 하면 나는 노트북을 바닥에 내려놓고 스플래시의 모습을 보여주고 소리를 들려줘야만 했다.

15년을 함께했던 스플래시의 죽음은 아이들이 겪었던 일 중에서 단연코 가장 힘든 일이었을 것이다. 대학에 진학하면서 반려동물을 데려오고 싶어 하는 학생들에게 충분히 공감한다는 뜻에서 하는 이야기다. 정서적 문제로 '심리 치료용 동물'의 위로가 필요한 청년들도 분명히 있다. 하지만 선의로 시작된 대단히 많은 일처럼 대학에 동물을 데려오는 추세는 마주해야 하는 평범한 일상적인 과제들에 대처하지 못하는 이 세대의 무능을 심화시켜왔을 뿐이다.

심리 치료용 동물을 둘러싼 불합리한 상황을 잘 보여주는 두 사례는 우연하게도 모두 돼지와 연결되어 있다. 워싱턴주립대학교의 한 신입생이 무게가 40킬로그램이 넘는 (사랑하는) 돼지를 데리고 캠퍼스에 도착했다. 하지만 돼지가 화물용 엘리베이터와 계단을 너무 무서워하는 바람에 24시간 내내 주인과 기숙사 2층에서 같이 생활하고, 반려동물용 변기에 볼일을 봤다. 돼지가 냄새도 심하고, 카펫을 물어뜯고, 가구를 망가뜨린다는 다른 학생들의 불만이 접수되었지만, 대학 측은 속수무책이었다. 정신건강상의 어려움을 주장하는 학생들의 요구를 수용해야 한다는 장애인법의 규정 때문이었다. 결국 워싱턴주립대학교는 그 학생을 돼지가 오르내릴 수 있는 경사로가 있는 다른 기숙사로 배정해주었다. 분명 그 방법이 법정 다툼보다는 비용이 덜 들었을 것이다.

두 번째 사례는 2014년 추수감사절 전날 혼잡한 비행기에 "정서적 지주"인 돼지와 함께 타려고 했던 29세 여성의 이야기다. 놀란 승객들이 지켜보는 가운데 돼지가 바닥에 똥을 싸기 시작했고, 잠시 후 주인이 "머저리"라고 하면서 팔걸이에 목줄을 묶으려 하자 돼지가 울부짖었다. 결국 항공사는 비행에 방해가 된다는 이유로 여성에게 돼지와 함께 비행기에서 내려달라고 요구했다. 교통부로부터 15만 달러의 벌금이 부과될 수도 있는 위험을 무릅쓴 조치였다. 대학이 장애인법을 준수해야 하듯이 항공사들은 1986년 제정된 항공기 탑승 권한법에 따라 정서적 지지를 제공하는 동물들을 탑승시키도록 교통부로부터 요구받기 때문이다.

돼지는 아주 진기한 종류에 속하지도 않는다. 불안과 우울 증상을 호소하는 사람들이 일상생활을 영위할 수 있도록 하기 위해 비행기와 기차, 대학 캠퍼스에는 다양한 동물들이 등장했다. 별도의 좌석에 안전띠로 고정되어 있는 칠면조를 찍은 영상이 SNS를 통해 널리 퍼진 적도 있다. 사람들이 더 놀랐던 점은 이 칠면조가 공항 탑승구부터 휠체어를 탄 채로 터미널을 통과했다는 것이었다.

비단 이 두 사례뿐만이 아니라 심리 치료용 동물과 함께 여행하는 새로운 추세는 깃털 같은 것에 알레르기가 있거나 다른 건강상 문제가 있는 승객들에게는 고역이 된다. 게다가 자신의 편의만 고집하고, 사람들에게 심리 치료용 동물이나 자신의 나약함을 인정해달라고 요구하는 사람은 진정한 그릿을 갖는 법을 배우지 못할 것이다.

한계를 시험하는 것에 의의를 두지 않고, 인생의 새로운 단계와 맞붙기보다 사소한 것까지 익숙한 환경을 우선하는 자세는 사실 '완고한 그릿'이다. 정말로 그런 편의가 제공되어야 생활이 가능한 사람도 있을 것이다. 하지만 너무 오랫동안 공감젖꼭지에 의지한 것은 아닌지, 이제 정신력을 시험해볼 때가 아닐지 생각해볼 필요가 있는 사람이 더 많다.

기업들도 이런 현상에 주목하고 있다. 심리 치료용 돼지와 부풀린 학점, 나약한 자아를 가진 청년들의 특권의식이 기업으로까지 이어졌기 때문이다. 최대 노동인구 집단으로 떠오른 밀레니얼세대 중 가장 유망한 지원자들을 채용하고, 훈련하고, 동기를 부여할 방법을 찾기 위해 기업들은 고군분투하고 있다.

내 강연의 주요 고객 중 하나는 밀레니얼세대를 고용한 기업이다. 특히 밀레니얼세대를 훈련시키고 그들이 근무하는 조직의 문화를 책임지는 인사 담당자들 사이에서 밀레니얼세대의 그릿 부족과 이에 대한 대처 방안이 뜨거운 주제로 떠올랐다.

워싱턴DC에서 열린 인사 담당자들의 모임에서 강연을 끝낸 뒤였다. 한 여성 간부가 내게 이런 이야기를 했다. 그녀는 최근 30대 여직원에게 "기대에 부응하고 있다"는 업무평가결과를 알려줬는데, 여직원이 울음을 터트리더라며 말을 꺼냈다. 밀레니얼세대 일부는 "기대에 부응하고 있다"는 평가를 C학점으로 받아들이며, 기대 이상이라는 평가를 받지 못하면 세상이 끝난 것처럼 느낀다는 의견을 덧붙였다.

이런 상황에서 커들러^{cuddler}라는 신종 직업이 탄생하기도 했다. 성적인 느낌을 주지 않는 자세로 고객을 따뜻하게 안아주거나 만져주는 이

직업은 밀레니얼세대가 버티기 힘든 상황에 닥칠 때마다 찾아가 위로
해준다.

세계는 지금 무엇을 필요로 하는가?

밀레니얼세대 대부분은 그릿 왜 중요한지, 그릿으로 무엇을 얻게 되
는지, 어떻게 그릿을 기르는지 거의 알지 못한다. 그들이 세상에 태어
나는 순간부터 첫 직장을 잡기까지 양육된 방식을 살펴보면 그 이유를
쉽게 알 수 있다. 그들은 보상을 받기 위해 노력할 필요가 없고, 세상
의 어려움은 부모가 전부 치워줬다. 평가 기준은 탁월함에서 보통으로
낮춰졌고, 직장에서는 점심식사와 교통지원금 같은 특전까지 제공한
다. 그들에게는 목표를 높게 설정할 이유도, 필요성도 전혀 없다.

이들 중 누군가 어려운 목표를 설정하고 추구한다 하더라도, 그렇
게 해본 경험이 전혀 없다면 어디 가서 필요한 기술을 습득할 수 있
을까? 의지력을 기르기 위해서는 만족의 지연이 중요하다는 것을 그
들이 이해할 수 있을까? 그렇다면 누구를 롤모델로 삼아야 할까? 목
표를 설정하고, 경로를 벗어나지 않고 방향을 바꿔가며 끝까지 나아
가 완수하는 책임감을 어떻게 기를 것인가? 대부분이 비슷비슷하다
면, 서로 지지해줄 사람은 있을까? 본인의 실적이나 어리석은 생각
에 대해 쓴소리를 듣거나 논의하는 자리에 참석해본 적이 없는데 어
떻게 사고를 확장시켜 혁신적이고 창의적이며 주도적인 전문가가 되
겠는가?

발전적이고 행복한 삶의 토대는 진정한 그릿을 기를 때 마련된다. 하지만 먼저 자신에게 보탬이 되지 않거나 타인에게 영감을 주지 못하는 해로운 그릿에 빠지지 않을 방법을 살펴볼 것이다. 다음으로 우리 스스로 진정한 그릿의 개별 구성요소와 그것을 기르고, 활용하고, 지켜나가는 방법을 소개할 것이다.

그릿 트레이닝의 최종 단계는 매일 우리와 함께 생활하고, 일하고, 상호작용하는 사람들에게 진정한 그릿을 권유하는 것이다. 그때 비로소 "결코 포기를 알리는 종을 칠 일"이 사라질 것이다.

03장

목적, 성격 강점, 장기목표

내 안의 그릿을 발견하고 키우는 11가지 질문

진정한 그릿을 기를 수 있도록 내가 20여 년 동안 발전시켜온 방법을 차근차근 설명하려고 한다. 내 고객들에게 썼던 이 방법이 당신에게도 유용하리라 믿는다. 서로 이끌어줄 친구나 직장 동료 같은 집단과 함께 실천한다면 더 효과적이다. 당신이 발전하고 있는지 항상 눈으로 확인할 수 있는 것도 아니고, 자신감을 잃었을 때 스스로 극복하는 것도 쉽지 않기 때문이다. 하지만 남들과 약속을 했다면 끝까지 해내기가 훨씬 쉬울 것이다.

꿈은 무엇인가?

첫 번째 단계는 꿈을 확인하는 것이다. 내게 도움을 청하는 사람들은 평소의 한계를 넘어서는 일, 성취감을 주는 일, 시도해보지 않는다면 후회로 남을 일을 하겠다는 꿈을 갖고 있다. 이미 성공했다는 말을 듣고 있고, 굳이 달라지지 않아도 안락한 여생을 보내겠지만, 소중히 간직해왔던 혹은 감춰온 목표를 갈망하는 사람들이 찾아오기도 한다.

나는 간단하지만 핵심을 묻는 질문으로 대화를 시작한다. "우리가 노력해서 달성할 가능성이 있는 최상의 결과는 무엇일까요?" '최상'과 '가능성'이라는 단어의 사용만으로도 무엇이든 이룰 수 있고, 그게 뭐든 근사할 수 있다는 생각을 일깨우는 효과가 있다.

대체로 사람들은 이 질문을 듣고 곧바로 중요하고도 어려운 목표를 밝힌다. "사람들이 직장에서 새로운 자세로 임하도록 영감을 주는 리더가 되고 싶어요." "가족과 좀 더 시간을 보낼 수 있도록 여유 있게 일을 하고 싶어요." "사업가가 돼서 내 미래는 내가 결정하고 싶어요."

하고 싶은 일에 열정이 있는지 알아보는 것은 어렵지 않다. 그들은 자신의 목표를 명확히 밝히고, 그 목표를 설명하는 동안 말이 빨라진다. 열정적인 목소리는 또한 온화하고, 편안하며, 활기차다.

사람들에게 자신의 판단을 배제하고 꿈을 이야기해보라고 격려하면 목표를 설명하는 목소리가 점점 열기를 띤다. 오랜 시간 머릿속으로 목표를 생각하고, 방법을 모색해왔기 때문일 것이다.

두 번째 질문이 바로 이어진다. "그래서 무엇을 하려고 하나요?" 이 질문을 통해 목표를 달성했을 때 삶이 어떻게 바뀌게 될지 알아볼 수 있다. 오디션 프로그램에 참가하고 싶다는 사람은 어릴 적 가족들이 그들의 꿈에 찬물을 끼얹는 바람에 그 꿈을 깊숙이 묻어두었을 것이다. 자신이 원하는 일이 있어도 진심을 숨기는 법을 배웠다고 말할지도 모른다.

그가 말한 오디션은 자신의 관심사와 목표를 인정하기 위한 위대한 발걸음이 된다. 또한 오디션을 보는 것 자체로 감정적 장애물을 뛰어넘는 기념비적인 변화가 된다.

"그래서 무엇을 하려고 하나요?"라는 질문은 그 목표가 주변 사람이 아니라 본인에게 얼마나 중요한 목표인지도 밝혀준다. 예를 들어 "나는 의대에 반드시 가야 합니다"처럼 '반드시'라는 단어가 들어간 답변은 자신에게 소위 '자기일치척' 또는 '내재적' 목표가 없다는 사실을 드러낸다.

가족이나 다른 사람을 만족시키기 위한 꿈이라면 좋은 결과를 얻기 힘들다. 힘겨워도 놓을 수 없는 소중한 목표는 당신 이외의 누구도 중요하지 않다.

살아가는 이유는 무엇인가?

아직까지 꿈이 명확하지 않다면 살아가는 이유 또는 아침에 눈을 뜨는 이유가 무엇인지 묻는다. 열정을 논의하는 과정에서 그 사람의 목적이 드러날 때가 많다. 하지만 목적이 확실하지 않다면 그들을 이끄는 동인이 무엇인지 알아야 한다.

자신만을 위한 일은 절대로 목적이 될 수 없다. 사람은 다른 사람에게 도움을 주고 있다는 느낌이 들 때 가장 행복하며, 그런 느낌이 열정을 가져온다.

왜 지금인가?

목표에 관한 한 "타이밍이 제일 중요하다"라는 말은 사실이다. 위험을 감수하고, 생활이 불편해지고, 개인적 또는 직업상 안전한 공간에서 벗어날 각오를 하려면 열정과 끈기를 비롯한 그릿의 모든 구성요소가 필요하다.

개인적으로도 자신의 꿈을 추구하는 데 미적지근한 태도를 보이거나 확신이 없는 사람과 코칭 작업을 하고 싶지는 않다. 코칭을 시작했는데 작은 장애물이 나타나자마자 자기회의에 빠져 물러선다면 두 사람 모두 좌절감을 느낄 테니 말이다.

나는 미지의 영역에 뛰어드는 계기가 되는 중요한 전환기가 인생에 몇 번 있다는 데 주목해왔다. 많은 사람이 30세, 40세, 50세 등 나이의 앞자리 수가 바뀌는 것을 계기로 삼는다. 불현듯이 인생이 빠르게 흘러가고 있다는 생각이 들면서 자신이 정체되어 있다거나 이루지 못한 일이 있다는 사실을 그제야 깨닫기 때문이다. 심리학자들은 이런 행동을 '새출발 효과'라고 일컫는다.

모험을 시작하는 또 다른 중요한 계기는 연애나 직업 등 성공한 게 없으니 잃을 것도 없다고 느낄 때다. 이에 해당하는 유명한 사례가 조앤 롤링이다. 그녀는 2008년 하버드대학교 졸업식 축사에서 "더는 실패할 것도 없었기" 때문에 해리 포터 시리즈를 쓰게 되었다고 이야기했다.

타이밍에 관한 질문을 통해 그 꿈을 시도했지만 실패한 적이 있는지도 확인할 수 있다. 한 번 실패했던 열망을 다시 이루려는 사람이라면 그 꿈을 외면할 수 없을 뿐더러 꿈을 이루기 위해 최선을 다했다고 기억하기를 바라기 때문이다.

장거리 수영선수였던 다이애나 니아드의 꿈은 쿠바에서 플로리다주 키웨스트까지 횡단하는 것이었다. 20대 후반에 그 꿈에 도전했지만 아쉽게 실패했고, (한동안) 그 꿈을 포기했다.

횡단에 대한 열망은 50대 후반에 되살아났다. 예순을 바라보는 나이에도 그 꿈을 놓지 못했던 이유를 한 강연에서 말한 적이 있다. 그녀는 "무엇을 하고 싶은지가 아니라 어떤 사람이 되고 싶은지" 자신에게 물었다고 한다.

이전에 목표를 추구해본 사람은 이미 경험이 있고, 그 경험은 새로운 전략을 짜는 데 도움이 된다. 그들의 재도전은 그들이 실패한 일을 다시 시도할 수 있는 용기와 끈기를 가진 사람이라는 사실을 말해준다.

해본 일 가운데 가장 힘든 일은 무엇이었는가?

어려운 일을 좋아하는지의 여부도 중요한 문제다. 아마도 대부분의 사람들이 성공한 인생을 사는 사람은 스스로 도전과제를 부여하고 이를 극복해왔으리라 생각할 것이다. 하지만 이 질문을 통해 그렇지 않다는 사실을 수없이 확인했다.

셀 수 없이 많은 사람이 이 질문에 "힘든 일을 한 적이 없다"고 대답했다. 그 대답이 나를 고용한 이유기도 하다. 그들은 편안하고 익숙한 영역을 벗어난 적이 없었는데도 불구하고 성공을 거뒀다. 성공에 너무 익숙해져서 실패할 위험이 있거나 실제로 실패하면 어떻게 대처해야 할지 모르기 때문에 나를 찾았던 것이다.

나이가 들면 위험을 무릅쓰거나 모험을 하는 것이 점점 힘들어진다. 우울함이나 권태로움을 느끼는 중년이 많은 이유도 그 때문일 것이다. 내 친구 중 하나는 지루하고 재미없는 삶을 사는 사람들, 모험이라고는 새로운 식당에 가보는 일뿐인 사람들이 동년배 중에 그렇게 많은지 처음으로 깨달았다고 한다. 그녀의 나이 마흔, 딸을 잃은 직후였다.

딸의 몫까지 살기 위해서라도 충만한 삶을 살기로 결심한 친구는 직장생활과 일상생활의 변화를 꾀했다. 힘들지만 신나는 일이었고, 어둠 속에서 열정과 성장의 새로운 출구를 찾을 수 있었다. 살고 싶지도 않던 시기에 말 그대로 목숨을 건졌다며 내게 이야기했다.

편안하고 익숙한 영역 밖에 있는 힘든 일을 해본 경험이 없다는 사람에게는 그릿 척도 검사를 통해 그들의 그릿이 어느 정도인지 판단한다. 본인 평가에 근거한 그릿 척도 검사결과는 힘든 일에 대한 응답자의 의욕을 정확하게 보여준다.

그릿 점수가 3 이하로 낮게 나오는 사람들은 대부분 새로운 일로부터 도망치거나 도전과제를 회피해온 사람들이다. 그들은 관심이 너무 다양해서 새로운 일이 등장하는 순간 하던 일을 놓아버리거나, 큰 노력이나 모험을 하지 않아도 달성할 수 있는 목표를 설정한다.

기준을 높이 설정하는 것. 이것이 그릿을 가진 사람들의 성격 강점이다. 그릿이 낮은 사람을 코칭할 때 그들이 이전에는 하지 않았던 일들, 예를 들어 유혹을 거부하고 건설적인 피드백을 수용해야 한다고 사전에 이야기한다. 그리고 도전과제에 응할 준비가 되었을 때 비로소 둘 모두에게 멋진 여정이 시작된다.

누가 여러분의 성공을 바라는가?

"당신의 성공을 바라는 사람은 누구인가?"는 목표를 달성할 가능성을 가늠하는 가장 중요한 질문이다. 열정, 근면함, 호기심, 희망이 당신에게 존재하더라도 당신의 성공을 바라지 않거나, 당신이 꾀하는 변화에 애매한 태도를 보이는 사람으로 둘러싸여 있는 경우도 존재한다. 이때, 이 질문을 통해 주변관계를 현실적으로 평가할 수 있다.

눈을 맞추며 나누는 대화보다 문자 보내기를 선택하는 현대사회에서 도움을 줄 수도 있을 누군가에게 자신의 두려움과 목표를 털어놓은 경험이 없는 사람도 있다. 장기목표를 달성한 사람들은 결코 혼자 힘으로 성공을 일궈낸 것이 아니다. 그들은 그들을 지지해주고 아낌없는 조언과 책임감을 부여해주는 사람들과 관계를 맺으며 발전해왔다. 장기목표를 달성한 사람들에게 만약 사회적 지원이 없었다면 결코 힘든 시기에 전열을 가다듬고 계속 나아갈 의지를 찾아내지 못했을 것이다.

당신의 대표 강점은 무엇인가?

사무실을 찾는 모든 고객에게 받게 하는 검사가 있다. 마틴 셀리그만과 크리스토퍼 피터슨이 함께 개발한 행동가치 성격 강점 검사인데, 검사결과가 정확할뿐더러, 고객들은 검사결과를 함께 검토하는 동안 자신을 새롭게 긍정적으로 보게 된다. 특히 그릿의 육성과 관련해 자신의 강점과 약점을 이해하려는 사람들에게 필수적인 정보원이 된다.

다양한 문화권에 속한 연령 집단에서 진행한 행동가치 성격 강점 검사 결과 연구자들은 다음과 같은 사실을 발견했다. 먼저 이 검사를 통해 참가자들은 대표 강점 다섯 가지를 파악할 수 있었다. 그리고 이를 일상에서 긍정적으로 활용한 사람들은 더 큰 행복감을 느꼈으며, 목표를 추구하면서 더 큰 성공을 거뒀다고 한다.

연구결과는 이렇게 해석할 수 있다. 자신의 대표 강점을 '의도적으로 인정'하고, 그 강점을 통해 타인과 상호작용한 사람들은 타인에게 '진실한 사람'이라는 인상을 줬다는 것이다. 타인과 어울리기 쉬워진 것도 이 때문이라 할 수 있다.

행동가치 성격 강점 검사는 자신의 강점을 순서대로 1위에서 24위까지 매기는 단순한 검사다. 하지만 그릿을 발전시킬 수 있는 사람은 이 검사에서 몇 가지 특징을 보인다. 바로 자기조절, 목적의식, 희망, 열정, 용기인데, 이는 모두 그릿을 형성하는 데 중요한 역할을 한다.

용기와 자기조절 점수가 낮게 나와도 놀랄 일은 아니다. 충동조절을 잘하지 못하고 편안하고 익숙한 영역 밖으로 나가는 데 어려움을 겪고 있다는 의미일 뿐일 수도 있다. 하지만 목적, 희망, 열정 점수가 낮다면 열정을 탐색하고 목적에 부합하는 목표달성을 도와줄 전략을 찾는 데 시간이 걸린다.

대표 강점을 남용하거나 충분히 활용하지 않고 있는지 신경 써서 살펴야 한다. 성격 강점은 분명 좋은 것이지만, 강점들을 남용하거나 충분히 활용하지 못하면 건전한 목표를 지향하는 진정한 그릿을 발달시킬 수 없다.

성격 강점의 남용은 그들을 곤란하게 만들기도 한다. 친절이 그 대표적인 예다. 친절을 과도하게 베풀면 받기만 하는 사람들에게 이용당하고, 정작 자신의 필요와 욕구를 돌보지 못할 수도 있다. 끈기도 마찬가지다. 끈기가 지나친 사람은 시작한 일은 무조건 끝내려고 한다. 하지만 그런 완강함이 항상 본인에게 이득이 되지는 않는다. 나는 이를 '완고한 그릿'이라고 부른다.

성격 강점 검사를 받을 필요성은 그릿요소를 발견하는 데 국한되지 않는다. 최선의 노력이 가능할 때 최선의 노력을 다하려면 성공적인 인생을 그려야 한다. 성격 강점은 삶을 조화롭게 만들고, 끈기 있게 목표를 추구하는 사람에게는 힘든 시기를 인내하고 유머와 쾌활함으로 스트레스에 대처할 수 있게 한다.

최상의 당신 모습은?

코칭을 진행할 때 성격 강점 검사와 더불어 '최상의 내 모습'이라는 제목의 에세이를 쓰게 한다. 에세이 쓰기는 펜실베이니아대학교 긍정심리학 석사과정 학생들에게 제일 먼저 주어지는 과제이기도 하다. 이 과제는 내게 지대한 영향을 미쳤다.

참가자들은 자신의 대표 강점 다섯 가지를 모두 발휘했던 변화의 순간이나 인생 최고의 순간을 에세이로 쓴다. 개인적인 경험이든 직업적인 경험이든 상관없다. 에세이를 쓰는 의도는 강점들이 적절한 순간에 제대로 발휘되어 긍정적인 결과를 냈던 순간을 찾아내는 것이다. 이 순간은 다른 사람의 삶에 영향을 미쳤거나 중요한 일을 달성했을 때일 수도 있고, 감정에 의지해 살아내고 성장한 덕분에 힘든 시기를 수월하게 넘겼던 때일 수도 있다.

에세이 쓰기는 여러 이유로 사람들에게 깨달음의 순간이 된다. 우리 대부분은 자신의 강점을 당연히 여겨 세상을 보는 방식이 다른 사람들과 다르다는 사실을 깨닫지 못한다. 예를 들어 대표 강점 다섯 가지에 호기심이 포함된 사람들은 질문하고 새로운 경험을 반기는 자세가 몸에 배어 있다. 하지만 그들은 왜 다른 사람들이 그러지 않는지 이해하지 못한다.

자신의 호기심이 남들과 쉽게 교류하게 해준 요인임을 깨닫는다면 자신을 이해하려 할 때나 어려운 일을 해나가게 도와줄 전략을 세울 때 강력한 수단이 될 수 있다. 참고로 나의 대표 강점 다섯 가지는 사랑, 창의성, 열정, 용기, 지혜였다. 그 결과를 보는 순간 나는 어리둥

절했다. 흥미로운 인생을 살고 싶거나 문제를 해결하려면 창의성은 당연히 있어야 하는 강점이라고 생각했고, 남들에게도 다 있는 특성으로 간주해왔던 까닭이었다.

자신의 강점을 당연시하고 특별한 점이 아니라고 여기는 것은 대단히 흔한 일이다. 하지만 당시의 나는 이 사실을 알지 못했다. 나는 왜 지혜가 거기 포함되는지도 정말 이해가 되지 않았다. 무엇에 관한 지혜란 말인가? 나는 의아했다.

그러다 문득 깨달았다. 나는 그 강점들에 의지해 폭식증으로부터 회복되는 과정을 담은 책을 썼던 것이었다. 자신을 사랑했기에 폭식증에서 차츰 벗어나려고 노력했고, 사람을 사랑하기에 그 이야기를 공유하려 했다.

책을 쓰기 위해서는 창의성이 필요했고, 포기하고 싶을 때는 열정이라는 생명력에 의지해 힘을 냈다. 폭식증에 대해 공개적으로 이야기하는 사람이 거의 없는 시절에 폭식증에 관한 책을 쓰기로 결심했을 때, 용기는 자연스럽게 생겼다. 특별히 용감한 일이라고 생각하지는 않았지만 폭식증에 대해 공개적으로 말하는 것이 중요한 일 같았기 때문이다. 그리고 섭식장애를 벗어난 사람으로서 다른 사람들도 스스로 싸울 수 있도록 힘과 희망을 나눠야겠다는 생각은 지혜였다.

그릿을 기르고 싶은 사람은 자신이 최상일 때가 언제인지 반드시 알아야 한다. 그런 순간의 기억들이 어떻게 하면 강점을 적절한 상황에서 적절한 만큼 발휘해 중요한 일을 잘해낼 수 있는지 청사진을 제공하기 때문이다. 예를 들어 용기가 대표 강점이지만 무모하게 용기를 내서 자신을 해치고 있다면 에세이 쓰기가 당신이 용기를 내야 할 적절한 때를 알려줄 것이다. 또한 어떻게 하면 다시 그런 사람이 될 수 있는지도 상기시켜준다.

당신의 강점을 최상의 방식으로 활용하는 법을 기억하고 이해한다면 스스로와 타인에게 긍정적으로 기여하도록 강점들을 발휘할 가능성이 커진다. 재미있는 요령을 한 가지 알려주자면 남들에게서 특정 강점을 찾아볼 수 없을 때 유난히 불쾌하다면 당신에게 그 강점이 있다는 확실한 신호로 보면 된다.

당신이 희망하는
미래의 모습은 무엇인가?

'최고의 미래상'을 글로 자세히 써보는 것은 행복의 엔진을 가속하고 목표를 추구할 에너지를 공급해준다는 측면에서 여러 모로 효과적이다. 이 글쓰기는 언뜻 보기에 매우 간단하다. 지금부터 모든 일이 더할 수 없이 순조롭게 흘러가서 자신의 꿈이 실현된다면 10년 뒤의 삶이 어떨지 글로 써보는 것이다.

여러 이유로 이 글쓰기는 그릿을 발전시켜가는 과정에서 반드시 거쳐야 할 단계다. 첫째, 이 글쓰기는 당신이 되고 싶은 이상적 자아상을 드러내주며, 10년 뒤라는 시간도 오랜 노력을 결실로 얻은 자아상을 그려보기에 아주 적절한 기간이다. 만약 당신의 큰 목표들을 달성할 때 당신의 삶이 어떤 모습일지 아직 상상해보지 않았다면 이 글쓰기가 그렇게 만들어준다.

또한 글쓰기는 우선순위를 다시 매기는 데도 도움이 된다. 많은 사람이 여러 가지 포부를 품고 있다. 하지만 그중 한 가지를 추구하다 보면 또 다른 중요한 목표의 달성이 불가능해진다는 점을 깨닫지 못한다. 그럴 때 전형적인 '목표 상충' 상황임을 깨닫고 그중 더 중요한 목표를 선택한다면 그릿에 필요한 에너지를 확보할 수 있다.

이 글쓰기는 당신이 장차 되고 싶은 모습을 보게 해준다는 점에서도 가치가 있다. 글쓰기는 과거의 자신에게 더 큰 연민을 느끼게 한다. (심지어 노후를 위해 더 저축하게 만들기도 한다!) 또한 자신의 미래를 더 희망차게, 낙관적으로 보게 해준다. 이는 그릿에 반드시 필요한 사고방식이기도 하다.

마지막으로 미래에서 현재로, 현재에서 미래로 오가면서 '정신적 대비' 상황을 설정할 수 있다. 글쓰기는 이상적인 미래를 먼저 상상한 후 현재로 되짚어오면서 도중에 도사리고 있는 장애를 예상하게 만든다. 이는 현재 시점에서 앞으로 어떤 것을 해야 미래의 꿈을 실현할 수 있는지 생각하는 것보다 수월하다. 즉, 처음에는 벅차 보일 수 있는 꿈을 향해 더욱 열정적으로 첫발을 내딛게 할 수 있다.

어떤 장애물을 극복해야 하는가?

성격 강점 검사를 받고, 자신의 목적에 대해 숙고하고, 자신에게 영향을 미치는 인맥을 탐색하고, '최상의 내 모습'을 검토하고, '최고의 미래상'까지 글로 써보고 나면 성공에 필요한 그릿이 있는지, 그릿을 기르기 위해 무엇을 해야만 하는지 평가가 거의 끝났다고 할 수 있다.

이쯤에서 우리는 어떤 장애물들과 예기치 못한 차질이 생길 수 있는지 이야기한다. 이전에 목표를 이뤄보려고 시도해본 사람이라면 어디서 실수할 수 있는지 잘 알고 있을 것이다. 따라서 그런 방해물에 어떻게 대처했는지, 이번에는 무엇을 달리 해볼 수 있는지 이야기를 나눌 수 있다. 예를 들면 유사한 장애물을 헤치고 다시 일어선 롤모델을 찾아보는 방법을 쓸 수 있을 것이다. 자전적 이야기에 대한 연구에서 이 방법이 자신의 인생 이야기를 새롭게 쓰게 한다는 사실을 증명했다.

〈성격과 사회심리학 저널Journal of Personality and Social Psychology〉에 실린 한 연구에서 다른 사람이 고군분투한 사연을 읽은 학생들은 자신의 문제를 성장의 기회로 긍정적으로 재구성하여 새로운 자기 이야기를 쓰는 변화를 보였다. 자신의 이야기를 새롭게 썼던 집단은 통제 집단에 비해 대학을 중퇴할 확률이 훨씬 낮았다. 결혼생활의 갈등을 중립적인 제삼자의 시각에서 써본 부부를 비롯해 다른 집단에서도 유사한 효과가 확인됐다.

버지니아대학교 심리학과 교수인 티모시 윌슨 또한 "글쓰기 치료 기법은 사람들로 하여금 자기파괴적인 사고방식에서 벗어나 낙관적인 사고로 옮겨가도록 환기시킨다. 이러한 낙관적 사고는 선순환을 통해 강화된다"고 설명했다.

이제 무엇을 해야 하는가?

목적 탐색, 성격 강점 확인, 장기목표설정을 끝내고 앞으로 나아가기로 약속했다면 이제 시작이다. 우리는 목표달성까지 일정을 정하고, 책임을 다했는지 확인할 방법을 고안하고, 진전 상황을 판단할 지표들을 정한다. 그리고 전 과정에서 발전 없이 지진부진하고, 기분이 저조해지고, 예상하지 못한 상황이 발생하고, 의욕이 떨어질 때 어떻게 해야 포기하지 않을 수 있을지 수시로 고민한다.

이 모든 노력을 기울이는 의의나 성과는 그릿의 수준에 의해 결정된다. 이제부터 그릿 중에서도 최상의 결과를 낳을 뿐 아니라 남들에게도 실질적인 혜택을 선사하는 것으로 확인된 진정한 그릿에 대해 살펴보기로 하자.

여러 유형의 그릿과 그중에서 '진정한 그릿'을 발전시키는 방법을 좀 더 깊이 살펴보는 동안 다음 제시한 질문들에 답해보기 바란다. 천천히 심사숙고한 다음 생각나는 대로 답을 써보라.

- 당신이 추구하고 싶은 꿈, 지금 시작하지 않으면 후회하게 될 꿈은 무엇인가?
- 당신은 무엇을 위해 사는가?
- 왜 지금이 편안하고 익숙한 영역을 벗어나기에 적절한 때인가?
- 지금까지 했던 일 가운데 가장 힘든 일은 무엇이었는가?
- 그 힘든 일에 어떻게 성공했는가?
- 당신이 성공하기를 바라는 사람은 누구인가?

- 당신의 대표 강점은 무엇인가? (viacharacter.org에서 성격 강점 검사를 무료로 받을 수 있다. 검사에 소요되는 시간은 약 15분이며 결과도 제공된다.)
- 당신이 최상의 상태일 때는 언제이며, 그 상황에서 당신의 강점들이 어떻게 부각되는가?
- 당신의 최고의 미래상은 어떤 모습인가?
- 당신이 가능한 최고의 삶을 살려면 어떤 장애물을 극복해야만 하는가?

스스로를 평가해보면서 그릿의 종류에 대해서 좀 더 자세히 살펴보도록 하자.

2부
열정과 노력의
2가지 얼굴

D-DAY
1
16
3
2
8

04장

폭주하는 기관차

'진정한' 그릿이란 무엇인가?

"만약 그릿의 정의에 부합하는 사람이 히틀러라면, 그래도 그릿은 바람직한 특성인가요?"

그릿에 관해 강연을 하다 보면 처음으로 받게 되는 대표적인 질문이다. 그릿은 열정, 노력, 목표지향성으로 정의할 수 있다. 그릿의 정의를 들은 사람들은 좋은 의미로 그 정의에 들어맞는 사람(예를 들어 간디 같은) 또는 노력은 결실을 거두기 마련이라는 사실을 그들에게 보여준 사람을 떠올린다. 하지만 곧 어리둥절한 표정으로 히틀러에 대해 물어본다. 어쩌면 당신 머릿속에도 히틀러가 떠올랐을지도 모른다.

우리는 다른 사람의 인생에 긍정적인 변화를 미치면서 변화와 열정의 본보기가 되는 사람이 누구인지 알고 있다. 하지만 곧 성공을 거두는 데 집착하는 사람, 유익하기는커녕 해롭고 심지어 본인에게도 기쁨을 안겨주지도 않는 추진력과 행동을 보여주는 사람을 떠올린다. 그릿의 긍정적인 측면과 부정적인 측면을 모두 보여주는 사람을 떠올리는 경우도 있다.

우리를 혼란에 빠트리는 사람들이 바로 이런 부류다. 이들은 우리가 그릿을 제대로 발휘하고 있는지 확인하는 방법이 무엇인지, 그리고 그릿이 잘못된 방향으로 가지 않도록 주의해야 할 때가 언제인지 알 수 없게 만든다.

동일한 사람, 다른 그릿

수잔의 이야기는 그릿 때문에 잘못된 방향으로 가고 있었던 좋은 사례다. 전형적인 노력가인 그녀는 성격 강점 검사에서 학구열, 자기조절, 끈기 같은 특성에서 높은 점수를 받았다.

그녀가 나를 찾은 것은 소설가가 되고 싶은 꿈을 품고 있지만 안정된 수입을 제공해주는 대신 아무런 만족감도 느낄 수 없는 직장에 파묻혀 있는 현실이 불만스러웠기 때문이었다. 그 외에도 각종 의무로 하루하루가 지나간다며 카풀, 요리, 교회 행사 등을 줄줄이 나열했다.

위원회를 책임지거나 회의, 파티를 주관할 사람이 필요할 때 사람들은 근면하고 꼼꼼한 수잔을 찾았고, 그녀는 그 부탁을 모두 들어줄 수밖에 없었다. 거절하고 싶은 부탁이 많았지만 사람들에게 시달리는 통에 결국 모든 부탁을 들어줄 수밖에 없었고, 일단 맡은 일은 어떤 장애가 있어도 완수해냈다는 이야기도 함께 털어놨다.

수잔은 분명히 그릿을 가지고 있다. 하지만 그녀는 아무런 기쁨을 얻지 못했다. 남들의 생각대로 생활하는 데 그릿을 발휘했기 때문이다. 절제력과 꼼꼼함을 자신을 위해 쓴 적이 있는지 물었을 때, 그녀는 스스로를 빛나게 해줄 일에 그릿을 쓴 적이 거의 없다고 대답했다.

그녀가 스스로를 위해 그릿을 발휘한 마지막 기억은 대학 졸업 직후였다. 무려 20년 전의 일이었다. 수잔은 문예창작과 석사과정에 합격했고, 부모님의 바람대로 '안정적인' 직장에 취직하는 대신 계속 글을 쓰는 선택을 했다. 운 좋게도 방송국 일이 들어왔고, 심야시간대의 코미디 프로그램 중 하나의 대본을 맡기도 했다.

힘들지만 보람 있는 일이었다. 그녀는 글을 쓰며 살아가고 있고, 주변에는 실력 있는 사람들이 있었다. 몇 편의 작품을 출판하는 작은 성과도 있었다. 돈에 쪼들리기는 했지만 매일매일 몰입하며 살 수 있었다. 문예지에 투고한 원고가 계속 거절당해도 불평하지 않았다. 훌륭한 작가가 되기 위해 도움이 될 것들을 배우는 과정이라고 생각했기 때문이었다.

하지만 결혼은 수잔의 꿈을 잠시 보류시켰다. 남편의 직장을 따라 이사를 했고, 아이까지 생기자 가정을 돌봐야 했다. 수잔은 자신의 목표를 추구하는 대신 지역사회, 자녀, 남편, 친구 등 다른 사람들의 목표를 위해 그릿을 발휘했다.

내가 만난 수잔은 기운도, 열의도 모두 소진된 상태였다. 그녀는 자녀들이 대학에 진학해 집을 떠나는 날만을 손꼽아 기다리고 있었다. 그녀에게 필요한 처방은 자신의 집중력과 근면함을 글을 쓰는 일에 사용하는 것이었다. 그러기 위해서는 오랜 꿈을 끄집어내 열정을 되살리고, 불필요한 의무들로부터 벗어나야 했다.

이제 그녀는 다른 사람의 목표를 달성하기 위해 그릿을 발휘하지 않는다. 그녀는 다시 글을 쓰기 시작했고, 에이전트를 찾아 소설을 출판한다는 최종 목표를 세웠다. 그러면서 그녀는 열정적으로 노력을 쏟아붓는 느낌으로 가득한 삶을 되찾았다.

타이거 우즈와 케이시 마틴

케이시 마틴과 타이거 우즈의 이야기 역시 그릿이 긍정적일 수도, 부정적일 수도 있는 이유를 잘 보여준다. 타이거 우즈는 역사상 가장 유명한 골퍼 중 한 명이다. 우즈는 부단히 연습했고, 여러 차례 부상을 극복하며 골퍼로서의 위상을 유지해왔다. 스탠퍼드대학교 재학 시절부터 눈부신 성공을 거뒀고, 프로로 전향한 뒤에는 열정적인 경기로 골프의 새로운 기준을 정립했다. 말 그대로 어마어마한 관중과 높은 시청률을 담보하는 아이콘이었다.

우즈에게 그릿이 있다는 사실에는 의문의 여지가 없다. 하지만 물어보고 싶다. 그의 그릿은 당신이 닮고 싶은 종류인가? 그는 전설적인 업적을 이뤘지만, 여성을 대하는 방식이나 자제력 면에서는 훌륭한 롤모델이라고 할 수 없다. 코스에 대한 불만을 거리낌 없이 표출했고, 기자회견 중 차갑고 불친절한 언행으로 악명 높았다. 캐디와 코치, 다른 골퍼들과의 다툼도 잦았다. 그의 재능은 존경할지 몰라도, 그의 행동은 아무도 존경하지 않았다.

2008년, 지금은 전처가 된 아내가 우즈의 불륜 행각을 따지며 골프채로 그의 차를 내려쳤던 운명의 날 이후 우즈는 정신적으로나 신체적으로 예전 기량을 회복하지 못하고 있었다. 이에 대해 ESPN의 한 해설자는 다음과 같이 논평했다. "애지중지한 부모에 의해 승자로 훈련되었을지는 모르지만, 역경을 이겨내는 전사는 아닌 것 같다."

스탠버드대학교 재학 시절 타이거 우즈의 동료였던 케이시 마틴은 다른 사람에게 희망과 영감을 주는 그릿을 지니고 있었다. 마틴은 메이저리그 최초의 흑인 야구 선수였던 재키 로빈슨에 비교될 만큼 주목받는 골퍼였다.

타이거 우즈(좌)와 케이시 마틴(우) | 출처_ flickr, golf mecca

마틴은 선천적인 혈관 기형으로 인해 오른쪽 다리에 장애를 가지고 있었다. 전미대학체육협회[NCAA]는 토너먼트에 참가한 그를 위해 카트 사용을 허락했다. 하지만 문제는 졸업 후였다. 프로골프협회[PGA]는 카트 사용을 허락하지 않은 것이다. 장애인법을 따르지 않아도 되는 민간 대회라는 이유였다.

마틴은 차별에 굴하지 않았다. PGA를 제소했고, 소송에서 승소한 뒤 프로선수와 코치생활을 이어나갔다. 2012년에는 US오픈에 진출하기도 했다. 수년간 출전권을 잃을 정도의 슬럼프를 극복하고 이룬 쾌거였다.

장애에도 불구하고 마틴의 흔들리지 않은 골프 사랑은 그가 코치로 있는 오리건대학교의 선수들에게 그대로 전수되었다. 세계적인 스타덤에도 오르지 못했지만, 장애물이 잇달아 나타나도 열정적으로 목표를 추구하고, 패배에도 품위를 유지하며, 겸손하고, 포기를 단호히 거부하는 마틴의 그릿이 우리가 육성하려는 진정한 그릿이다.

어떻게 올바른 그릿의 길로
들어설 수 있는가?

동화 《넌 할 수 있어, 꼬마 기관차》의 주인공인 파란 꼬마 기관차는 그릿의 첫 번째 구성요소를 갖고 있다. 꼬마 기관차는 다른 모든 기관차들처럼 궤도를 출발했지만, 여정을 이어가면서 장애물을 만나자 포기하고 싶어졌다. 꼬마 기관차는 인생이란 어려운 것임을 깨달았다. 하지만 결국에는 의지와 힘을 끌어 모아 여러 대의 기차를 달고 가파른 언덕을 넘어가며 "난 할 수 있어. 할 수 있다고. 할 수 있어"라고 되뇐다.

이 동화는 여러 세대에 걸쳐 아이들에게 자신감과 노력의 가치를 가르쳐줬다. 하지만 주의해야 할 점이 있다. 보기에는 매력적이지만 행복이라는 종착역으로 이어지지 않는 철로를 무턱대고 달리는 기관차가 될 수도 있다. 매우 강인하고 끈기 있지만 경고 신호에 주의를 기울이지 않는 '완고한 그릿'을 키울 수도 있다는 말이다. 무슨 수를 쓰든 승리하겠다는 목표에만 파묻혀서 지름길과 속임수를 택할 수도 있다.

나는 이를 '가짜 그릿'이라고 부른다. 끊임없이 목표를 지향하고 절제력도 있지만 다른 사람의 도움을 인정하지 않고 자신의 성공만 선전하는 사람을 생각해보자. 과연 그가 가진 그릿이 가족이나 조직의 화합을 장려하는 유형일까? 나는 아니라고 생각한다. 그저 셀카처럼 자기만족을 위한 그릿일 뿐이다. 성격 강점과 긍정적 목적으로 숙성되지 않은 그릿은 바쁘기만 하고 보람은 별로 없는 생활을 가져올 것이다.

진정한 그릿은 다른 그릿들과
어떻게 다른가?

회복력, 끈기, 열정만으로 진정한 그릿이 충족되는 것도 아니다. 남들에게 성장하고 싶은 마음을 일으키고, 더 큰 가능성을 상상할 수 있도록 자극을 줄 때, 비로소 긍정적인 힘이 된다. 그것이 투지 넘치는 행동이라도 말이다. 진정한 그릿을 보여주는 사람들은 우리로 하여금 '힘들지만 그 일에 도전했으면, 좀 더 열정을 키웠다면 어땠을까? 그랬더라면 지금쯤 어떻게 됐을까?'라는 생각을 하게 만든다.

내가 이렇게 살아 있는 것도 한 여성이 용기를 내 진정한 그릿을 보여줬기 때문이라고 믿고 있다. 그녀는 내가 그녀의 말을 수용할 준비를 마친 적절한 순간에 적절한 방식으로 나를 바꿔놓았다.

1984년 초반, 폭식증 12단계 치유 프로그램에 참석했을 때의 일이다. 늘씬한 금발 여성이 자신이 겪었던 섭식장애에 대해 이야기하면서 하루하루 폭식증으로부터 회복되고 있다고 말했다.

자신의 섭식장애를 말할 때 수치심을 느끼지 않는 사람은 아주 드물다. 추운 겨울날 밤 그녀가 수치심을 이겨내고 꺼낸 이야기는 내게 한 줄기 빛으로 다가왔고, 나를 영원히 바꿔놓았다. 수년 전에 이미 꺼져버렸다고 생각했던 삶에 대한 열망이 그녀의 말로 다시 되살아났고, 지금까지도 불타고 있다.

나는 그녀에게 영원히 감사할 것이다. 그녀가 만일 자신의 이야기를 혼자만 간직했거나 너무 힘든 나머지 패배를 선언했다면 나는 어떻게 되었을까?

절망에 빠져 스스로를 방에 가둔 내가 생명의 동아줄을 알아본 것은 운명이었다고 믿는다. 인류가 건강하기를 바라는 신, 우주의 기운 같은 무언가가 그날 밤 나를 그곳으로 인도했다고 믿지 않으면 설명할 길이 없기 때문이다.

그녀가 열의와 절제력, 친절로 나를 구해낸 것처럼 섭식장애를 극복한 내 경험을 희망의 메시지가 필요한 사람들에게 책으로 알리고 싶다는 생각이 문득 들었다. 그렇게 된다면 전보다 나아진 세상을 만들 수 있을 것 같았다. 여전히 눈앞이 캄캄했지만, 폭식증을 치유하는 완벽한 출발점을 제공한 적절한 자극 덕분에 나는 진정한 그릿을 향한 길을 따를 수 있었다.

긍정적 관계 ＿＿ 진정한 그릿이 보낸 첫 번째 신호는 가장 필요한 순간에 들은 '다른 사람'의 이야기였다. 이처럼 긍정적인 영향을 미치는 사람들은 우리를 그들의 삶으로 끌어들인다. 그들은 타인에게 희망을 주고, 타인을 포용하는 특성을 가지며, 관계 속에서 발전하고, 다른 사람들을 일으켜 세운다.

진정한 그릿이 있는 사람들은 또한 팀워크와 동지애를 조성한다. 진정한 그릿은 자석과 같아서 열정적인 사람과 관계를 맺고 그들과 같은 기분을 느끼고 싶게 만든다. 진정한 그릿을 가진 사람은 목표를 추구하며 진정한 열정으로 사람들과 깊은 관계를 맺을 수 있다. 그들은 사람을 사랑하고 인정할 뿐 아니라 다른 사람들의 사랑과 인정도 기꺼이 받아들인다.

흥미롭게도 할리우드가 사랑하는 영화의 특징은 원대한 목표를 혼자 달성하고 홀로 축하하는 이야기가 아니라 성공하든 실패하든 투지를 발휘하고, 그 여정을 사랑하는 사람들과 나누는 이야기라는 것이다. 잘못된 그릿을 가진 사람은 대체로 홀로 축하한다.

이는 존 크라카우어의 책 《인투 더 와일드》가 던지는 날카로운 메시지이기도 하다. 주인공 크리스 매캔들리스는 독립적이고 고립된 생활이 궁극의 행복이라고 믿었다. 그의 믿음은 그를 알래스카로 이끌었고, 독초를 먹고 추운 스쿨버스 안에서 홀로 고통 속에서 죽어갔다. 나중에 발견된 책의 여백에 그가 휘갈겨 놓은 마지막 말은 아이러니하게도 '행복은 나눌 때 가장 커진다'였다.

희망   진정한 그릿을 가진 사람은 희망에 차 있고 낙관적이다. 자신의 능력을 정확히 알지 못할 수는 있지만 긍정적인 신념의 도움으로 자신을 지켜낸다.

앞날을 희망적으로 전망하는 사람들은 남들보다 오래, 더 열심히 일하고, 도전을 받아도 포기할 가능성이 낮다. 희망에 찬 마음가짐은 사람들에게 목표를 달성할 해결책을 내놓게 해주고, 그 해결책을 실행에 옮길 수 있다는 믿음도 갖게 해준다.

그러나 자신의 목표를 추구하는 것이 아니라 다른 사람을 만족시키려고 노력할 때 또는 중요한 일이 아니라 피상적인 일을 달성하려 할 때는 희망과 낙관성을 유지하기 힘들다.

겸손   진정한 그릿의 세 번째 특징은 겸손이다. 겸손은 동네 푸드뱅크에서 힘들게 봉사하지만 그 선의를 알리지 않는 행동이고, 화재 현장에서 생명을 구하는 영웅이지만 죽을 때까지 알려지지 않는 소방관의 이타적인 행동과 같다. 그들에게는 의미 있는 중요한 목표를 위해 최선을 다한다는 자부심이 있다. 그들은 스스로를 내세우지 않아도 사람을 끌어당긴다.

진정한 그릿에는 자아도취가 없고, 공로를 인정받고 싶은 욕구도 없다. 하지만 무엇이 중요한지 알고 있으며, 누군가의 인정이나 칭찬을 필요로 하지 않는다. 자신감과 자존감을 공공연히 자랑하려 하지도 않는다.

자신감 ___ 자신감 또한 진정한 그릿의 특징이다. 진정한 그릿을 가진 사람들은 목표를 추구할 때 자신의 전부를 건다. 최선을 다해 목표를 추구하지 않으면 후회할 것이라는 사실을 알고 있기 때문이다. 그들은 겸손하지만 주변 사람들은 그의 확고한 마음가짐을 이미 잘 알고 있다.

진정한 그릿을 가진 사람은 중압감을 느낄 때나 실패했을 때도 품위를 유지한다. 트로피와 대중의 환호를 기대하지 않으며, 보상이 없어도 포기하지 않는다. 자신의 능력을 믿고, 실수를 통해 배우려고 하기에 자신감으로 무장되어 있다. 실전으로 단련된 자신감은 최고의 리더들에게서도 발견할 수 있는 특징 중 하나다.

베풂 ___ 진정한 그릿을 가진 사람은 올바른 방식으로 베푼다. 그렇다고 손해 보면서 무작정 베푼다는 말은 아니다. 그들은 자신과 비슷한 사고방식을 가진 사람들과 주로 어울리지만, 집중력이나 절제력이 부족한 사람들을 외면하지 않는다. 그들은 사람들이 가진 빛을 알아보고 이를 키우는 일이 자신이 남길 수 있는 긍정적 유산이라고 믿는다. 그래서 아무 조건 없이 베풀 수 있다. (그마저도 소리 소문 없이 몰래 베풀 때가 많다.)

진정한 그릿의 소유자는 시간과 에너지를 온전히 자신을 위해 쓴다.

하지만 타인에게 도움이 필요할 때, 결코 자신만을 중시하지 않고 다른 사람도 소중하게 생각한다.

집중력 ___ 진정한 그릿의 소유자는 적절한 수준의 집중력을 유지한다. 그들은 모든 일을 완수하려는 고집을 부리지 않는다. 진정한 그릿의 기준에 부합하는 사람들과 인터뷰하면서 이런 질문을 했다. "모든 생활 영역에서 투지가 있나요?" 그들은 모두 "아니오"라고 웃으며 대답했다.

그들은 정말 중요한 일에만 자기조절 능력을 발휘한다. 마주치는 모든 일에 시간을 낭비하지 않는 것이다. 자신에게 의미 있는 일로 범위를 제한하고, 그 밖의 일은 순위를 미뤄도 개의치 않는다. 자신이 잘하지 못하는 일 때문에 스스로를 비하하는 경우도 없다.

세계적인 열정 전문가 로버트 발러랜드 교수는 이런 기준에 따라 '조화로운 열정'과 '강방적인 열정'을 구분해야 한다고 주장한다. 조화로운 열정의 소유자는 주요 목표 밖에서도 즐거움을 찾을 수 있다. 하지만 강박적인 열정의 소유자는 승리해야 한다는 집착을 좀처럼 놓지 못한다.

랜스 암스트롱이 그 대표적 사례다. 사이클 황제로 군림하던 그는 순식간에 거짓말쟁이로 몰락했다. 소송이든 사이클 경기든 뭐든 패배를 인정하지 못했던 그는 열정으로 가득했지만, 그의 열정은 자신뿐 아니라 타인을 다치게 한 유해한 강박이었다.

고집 ___ 진정한 그릿의 소유자가 고집을 부리는 경우도 있다. 하지만 이는 반항적인 몰입에 가깝다. 미국 최연소 올림픽 육상 국가대표였던 루이 잠페리니는 가출과 폭력으로 얼룩진 어린 시절을 보냈다. 파괴적인 말썽을 일삼다 우연히 육상에 재능이 있다는 사실을 발견했고, 인생의 목적과 의미를 찾은 잠페리니는 그간의 삶에 반항하듯이 연습에만 몰두했다. 결국 국가대표로 선발된 그는 1936년 베를린 올림픽에 출전했다.

진정한 그릿의 소유자는 완강하고 도전적이다. 반항적이고 거칠 수 있지만, 긍정적인 목표를 파고들어야만 할 때 그 에너지를 활용한다.

실패를 통한 학습 ＿＿ 누구나 목표를 추구하다 실패를 경험한다. 이때 진정한 그릿의 소유자는 실패에 대처하고, 실패에서 교훈을 얻고, 계속 나아가는 법을 배운다.

캐롤라이나 팬서스의 코너백 조시 노먼과 쿼터백 캠 뉴턴은 그들이 마주한 실패에서 극명하게 대조되는 모습을 보였다. 캠 뉴턴은 가난한 가정환경을 투지로 극복한 대학 미식축구 스타였고, 프로 진출 후에도 완벽한 경기력으로 팬들을 사로잡았다.

하지만 2016년 2월 슈퍼볼에서 덴버 브롱코스에 패배한 날, 기자회견장에서 보인 그의 모습은 말 그대로 꼴불견이었다. 잔뜩 실망한 표정으로 기자회견장에 앉아 있던 그는 2분 만에 벌떡 일어나 운동복을 머리에 뒤집어쓴 채로 나가버렸다.

반면 고등학생 시절 뛰어난 경력에도 불구하고 장학금과 출전 기회 때문에 1부 리그 대학에 가지 못했던 조시 노먼은 품격 있게 행동했다. 노먼은 목표를 달성하기 위해 노력하는 동안 겸손해야 하며, 경험 하나하나에서 최대한 교훈을 얻어야 한다는 사실을 알고 있었기 때문이리라.

위대한 선수는 성공과 실패 모두에 대처하는 법을 알아야 한다. 2016년 슈퍼볼에서 팀의 패배가 확정된 이후에도 노먼은 은퇴를 앞둔 브롱코스의 쿼터백 페이튼 매닝에게 경례와 악수를 건넸다. 실망감을 안은 채 경기장을 빠져나올 수도 있었지만 노먼은 자신의 감정에만 집중하는 대신 오랫동안 위대한 경력을 쌓아온 선수에게 경의를 표한 것이다.

진정성 ___ 진정한 그릿의 소유자는 자기 모습 그대로에 만족한다. 그들을 만나면 특별하다는 인상을 받지 못할 수도 있다. 그들은 사람들과 함께 있을 때도 혼자 있을 때처럼 편안하다. 보통 장기목표를 수반하는 힘든 일을 수행할 때는 핑계를 대지 않고 혼자서 묵묵히 해나간다. 그렇다고 지나친 완벽주의로 자신을 자책하지는 않는다. 그들은 지혜롭게 한발 물러서 전열을 가다듬고 다시 집중해 다음 행동에 들어가야 하는 시점을 알고 있다.

성격강점연구소의 조사에 따르면 목표를 추구하는 과정에서 자신의 대표 강점을 활용하는 사람은 성공할 가능성도 높지만, 무엇보다 다른 사람들에게 편안함을 느끼게 한다. 그들이 가진 진정성 때문이다. 그들은 자신이 아닌 사람이 되기 위해 애쓰지 않는다. 자신을 있는 그대로 수용하고, 최선의 결과를 얻기 위해 자신의 재능을 활용한다. 또한 이것이 자신뿐만 아니라 다른 사람과 관계를 맺는 데도 도움이 된다는 사실을 알고 있다.

성장형 사고방식 ___ 마지막으로 진정한 그릿의 소유자는 '고정된 사고방식'이 아니라 소위 '성장하는 사고방식'을 갖고 있다. 성장하는 사고 방식을 가진 사람은 노력이 성공의 열쇠라고 믿는다. 그들의 호기심과 모험 성향은 다양한 접근법을 모색하게 하며, 유연하게 목표를 추구하게 해준다.

고정된 사고방식을 가진 사람은 지능과 재능이 성공의 확실한 예측 변수이며, 신속한 승리가 중요한 성과를 얻기 위한 노력보다 중요하다고 믿는다. 또한 고정된 사고방식의 소유자는 노력은 재능이 부족한 사람만 해야 하는 것이라고 여기므로 열심히 일해야 한다는 생각을 거부한다. 그들은 노력하는 사람이 되는 것보다 힘들이지 않고 성공을 거두는 것이 중요하다고 믿는다.

누구나 진정한 그릿을 발달시킬 수 있는가?

진정한 그릿은 소수의 특별한 사람들만 가질 수 있는 것이 아니다. 어려서부터 강인하고, 회복력이 뛰어나고, 경외심을 불러일으키는 인물만 가질 수 있는 것도 아니다. 그릿을 뒷받침하는 강점들 중 낙관성과 충동조절 같은 강점은 타고 난다는 연구결과도 있지만, 진정한 그릿의 특성과 행동의 대부분은 학습될 수 있다.

예를 들어 목표설정 능력을 타고나는 사람이 있다고 해도 기본적으로는 학습되는 기술이며, 자기조절도 마찬가지다. 겸손 또한 선택되는 행동이며, 친구를 사귀고 긍정적인 관계를 쌓아가는 방법은 데일 카네기의 고전 《데일 카네기 인간관계론》의 주제이기도 하다.

우리가 결코 닮을 수 없는 엘리트 승자 집단을 설명하기 위해서였다면 나는 이 책을 쓰지 않았을 것이다. 그러나 생활 속에서 올바른 그릿을 더 발전시키기 위해 팔을 걷어붙이기 전에 '좋은 그릿'과 '나쁜 그릿'의 차이부터 분명히 해두도록 하자.

05장

끝까지 해내는 성격 강점

좋은 그릿은 어떻게 형성되는가?

이 장에서는 좋은 그릿과 나쁜 그릿의 차이를 이해하기 쉽도록 내가 목격한 진정한 그릿의 종류를 분류할 것이다. 또한 그릿의 차이가 가진 중요성과 의미를 구체적으로 설명할 수 있는 사례들도 함께 제시한다. 이를 통해 그릿의 유형이 왜 중요한지 각각의 특징을 파악하고, 우리가 좋은 그릿을 모방할 때 어떻게 도움을 받을 수 있는지 알아볼 것이다.

다음 장에서는 긍정적이지 않은 그릿을 설명하고, 끝까지 해내는 성격 강점이 자신과 타인에게 불리한 무기가 되지 않도록 만드는 주의사항을 알아본다.

러시모어형 그릿

위대한 역사적 인물은 평범한 사람들과 확연히 구분되는 그릿을 가지고 있다. 그들의 그릿을 가장 잘 설명할 수 있는 특성은 무엇일까? 그들이 열정을 느꼈던 대의는 그들의 인생을 밝혀주었다. 그들은 공정성, 정의, 사랑과 같은 보편적인 가치를 따르며 살았고, 중대하고 역사적인 임무를 달성해나가는 과정에서 수없이 많은 장애물을 극복했으며, 때로는 목숨까지 위협받았지만 두려움이나 절망, 상실감 때문에 오랫동안 주저앉는 법이 결코 없었다.

그들의 행동 또한 남다른 위엄과 자기관리를 보여줬다는 점에서 특별했다. 그들은 자신을 향한 타인의 증오나 질투, 공격에 조심스럽게 반응했고, 그들의 대의를 존경하고 수용하는 추종자들을 끌어 모았다. 결국 그들은 역사의 흐름을 바꾼 지도자가 되었으며, 세상을 더 살기 좋은 곳으로 변화시키는 데 일조할 수 있었다.

나는 이런 사람들을 미국의 위대한 대통령 네 명의 얼굴을 조각해놓은 러시모어산에서 영감을 얻어 '러시모어형 그릿'의 소유자라고 부른다. 그들의 행동은 역사의 흐름을 바꿔놓았고, 후대 사람들은 그들의 얼굴을 화강암에 새겼듯 그들의 행동을 가슴속에 소중하게 간직하고 있다. 예수와 간디, 마틴 루터 킹도 러시모어형 그릿의 소유자라고 할 수 있다.

그들은 자신의 명성과 건강, 안전조차 뒤로 한 채 혐오, 식민주의, 인종차별과 같은 인간의 행동 가운데 가장 최악의 행동에 격렬하게 저

말랄라 유사프자이 | 출처_ Southbank Centre

항했다. 그들이 고난과 비난, 모욕에도 불구하고 자신의 이상과 목표를 굳건히 한 덕분에 오늘날 우리는 보다 자유롭고, 안전하고, 더 나은 세상에서 살고 있다.

역대 최연소 노벨상 수상자인 말랄라 유사프자이 또한 러시모어형 그릿의 소유자다. 여성도 교육받을 권리가 있다고 주장한 그녀를 향해 탈레반은 총을 겨눴다. 하지만 말랄라의 머리를 향한 총탄도 그녀를 포기시키지 못했다. 말라라는 기적적으로 생존했고, 살해 협박은 계속해서 이어졌지만 그녀는 두려움에 떨지 않았다.

말랄라는 비난의 포화 속에서도 용기와 품위를 잃지 않았다. 사람들은 그녀의 이름이 나올 때마다 남녀를 불문하고 조용히 경의를 표했다. 만약 당신이 그녀의 이야기를 들었다면, 당신의 영혼에도 그 발자국이 남았을 것이다.

올림포스형 그릿

진정한 그릿의 또 다른 유형으로 올림포스형 그릿이 있다. 나는 이 이름을 신들의 거처로 유명한 그리스의 올림포스산에서 따왔다. 올림포스형 그릿의 소유자는 비범한 기량으로 정상에 오르고, 그들과 함께한 다른 선수들도 자신의 능력 이상으로 경기를 펼치게 하는 운동선수들이 대표적이다. 그들은 자신뿐만 아니라 다른 사람들의 신체적, 정신적 한계를 끌어 올린다.

그들 가운데는 유명한 선수도 있고 그렇지 않은 선수도 있다. 하지만 이들 모두 다양한 실패와 난관을 극복하고 자기 분야에서 역사에 남을 결과를 냈거나 도전하는 것만으로도 용기와 탁월함을 보여준다.

앞서 소개한 케이시 마틴이나 세레나 윌리엄스, 마이클 펠프스가 운동선수로서 대표적인 올림푸스형 그릿의 소유자다. 최초로 에베레스트 등정에 성공한 에드먼드 힐러리 경과 텐징 노르게이도 올림푸스형 그릿의 소유자라고 할 수 있다.

조용히 자기 분야에 영향을 미치고 있는 선수들도 있다. 아프가니스탄의 육상 선수 타미나 코히스타니가 대표적이다. 대중은 그녀에게 '남자 앞에 나서지 않아야 한다'는 규범을 무시한 '나쁜' 무슬림 여성이라며 비방과 야유를 퍼부었다. 전쟁으로 피폐해진 아프가니스탄은 그녀에게 변변한 지원도 하지 못했다. 하지만 그녀는 훈련을 멈추지 않았다.

그녀는 결국 2012년 런던 올림픽 출전권을 따냈다. 본인 최고 기록을 경신하며 32명 중 31위를 기록한 그녀는 경기 후 인터뷰에서 눈물을 글썽이며 자신의 이야기를 털어놓았다. 비록 메달은 따지 못했지만, 자신이 걸어온 여정을 자랑스러워했다. "올림픽에 참가한 것이 금메달보다 중요합니다."

2016년 리우데자네이루 올림픽에는 사상 처음으로 시리아 등 난민 선수단이 참가했다. 전쟁을 피해 탈출한 그들은 여전히 궁핍한 처지였지만, 그들은 훈련을 포기하지 않았다. 그들의 열정과 불굴의 용기가 바로 올림포스형 그릿의 극치다.

이들은 트로피나 메달이 동기를 부여하는 것은 아니라는 사실을 여실히 보여준다. 올림포스형 그릿의 소유자들을 불타오르게 한 것은 자신의 한계, 자기 분야의 한계를 재정의하겠다는 마음이었다. 그런 그들에게 고무되어 다른 사람들도 회복탄력성과 용기, 담력을 얼마나 더 발휘할 수 있을지 숙고하게 되며, 정신적, 신체적으로 새롭게 도전하면서 삶이 향상되는 경우가 대부분이다.

셀리브리티형 그릿

해리 포터 시리즈의 작가 조앤 롤링은 2008년 하버드대학교 졸업 축사로 다시 한 번 주목받았다. 실패와 우정, 모험에 관한 감동적인 축사는 그녀 자신뿐만 아니라 수백만 명의 인생을 바꾼 해리 포터 시리즈를 쓰는 과정을 고스란히 보여주고 있다.

많은 부모가 그랬듯이, 나 또한 아이들 셋 모두 해리 포터 시리즈를 단숨에 읽고 또 읽는 모습을 옆에서 지켜봤다. 딸아이는 해리 포터 전

집을 대학교 기숙사로 가지고 갔는데, 스트레스를 받을 때마다 친숙한 그 책을 뒤적이며 위안을 받았다고 한다.

그녀가 무일푼의 젊은 이혼녀로 아이를 키우면서도 소설 쓰기를 고집한 점에 감사할 사람은 나 외에도 수없이 많을 것이다. 어떤 부모가 아이들을 독서에 빠지게 해준 그녀에게 고마워하지 않겠는가? 그들을 괴롭히는 문제에 빠지지 않고 롤링이 창조한 호그와트에서 위로를 받은 청소년들은 또 얼마나 많겠는가? 초라한 환경에서 출발했지만 꿈을 포기하지 않고 불굴의 의지를 불태웠던 롤링에게 고무된 신인 작가 또한 수없이 많을 것이다.

진정한 그릿을 소유한 사람들의 또 다른 공통분모는 타인에게 영향을 미치지만 위축시키지 않는다는 점이다. 오히려 거의 예외 없이 어떤 식으로든 사람들이 더 행복해지고 나은 사람이 되도록 만든다.

롤링의 책은 셀리브리티형 그릿이 무엇을 촉발할 수 있는지 보여주는 작은 예일 뿐이다. 그녀의 끈기 있는 창작활동은 해리 포터에 표현된 가치와 함께 독서의 가치 또한 되살렸다.

조앤 롤링과 오프라 윈프리, 사라 블레이클리는 셀리브리티형 그릿의 범주에 속한다. 그럴 의도로 시작한 일은 아니었지만, 그들의 사연이 진정한 그릿의 귀감이 됨으로써 사람들의 삶을 변화시켰기 때문이다.

셀레브리티에게는 롤모델이 되어야 한다는 부담이 뒤따른다고 한다. 그들이 진정한 그릿을 보여주는 행동을 자주 한다면, 우리 모두는 갑절의 행운을 누리게 된다.

보통 사람의 그릿

진정한 그릿의 소유자 대다수가 속하는 마지막 유형을 살펴보자. 이들은 깨어 있을 때면 항상 끈기와 헌신을 요구하는 목표를 달성하기 위해 노력한다. 이들 대부분은 확실한 외적 보상이나 사람들의 주목과 칭송을 받지 못하는 이름 없는 영웅들이다. 제 몸을 돌보지 않고 아침부터 저녁까지 직장에 다니면서 장애가 있는 자식을 보살피는 부모, 낮은 임금과 맥 풀리는 성과에도 불구하고 지칠 줄 모르고 불우한 이들을 대변해주는 국선변호인과 사회복지사, 오랜 바람이었던 고등학교 졸업장을 따려고 60대에 글을 배우는 사람들이다.

보통 사람의 그릿이라고 이름 붙이기는 했지만, 이들이 어떤 일을 했고, 그들이 가족과 지역사회, 소속 집단에 어떤 영향을 미쳤는지 살펴보면 결코 평범하다고 할 수 없다.

제임스 로버트슨도 그런 사람 중의 한 명이다. 그는 11년 동안 하루도 빠짐없이 디트로이트 외곽에 있는 직장까지 왕복 33킬로미터의 거리를 걸어서 출근했다. 긴 근무시간이나 이른 출근시간, 주말 근무를 거부하는 시대에, 차를 살 돈도 없고 적절한 대중교통수단도 없어서 매일 힘들게 걸어서 출근하는 로버트슨의 이야기가 신문에 실리자 대중이 주목했다.

기사가 나간 지 며칠 만에 소셜펀딩사이트를 통해 35만 달러와 차 한 대를 기증받았다. 세계 각지에서도 그에 대한 찬사가 쏟아졌다. 이를 전달하는 자리에 있던 촬영팀은 그가 깜짝 놀라 차를 받으면서 "부모님이 지금 제 모습을 보실 수 있다면 얼마나 좋을까요"라고 말하며 눈물을 글썽였다고 전했다.

평범한 그릿 이야기가 급속도로 확산되는 이유는 무엇일까? '피가 등장해야 먹힌다'는 신조에 기반 해 만들어진 자극적인 뉴스, 자아도취나 분노한 세상을 담은 영상이 판치는 세상에서 선의 화신들을 보고 싶은 마음이 간절하기 때문이다.

근면, 겸손, 친절을 동반한 영웅적인 행동을 목격하면 우리는 경이로움을 느낀다. 그리고 이 감정을 다른 사람과 공유하기를 원한다. 연구에 의하면 이런 경이로운 감정은 우리 몸에서 친사회적 행동을 강화하는 '유대감 호르몬'을 분비시킨다고 한다. 제임스 로버트슨 같은 사람이나 저소득층 아이들을 위해 고장 난 자전거를 고쳐주는 남자, 마약중독자인 엄마에게서 태어나 금단 증상으로 경련을 일으키는 신생아를 안아줄 퇴직자를 주선해주는 여성의 이야기는 우리 영혼에 약이되며, 아무리 들어도 질리지 않는다.

우리가 알아보려고만 한다면 진정한 그릿은 어디에나 있다.

그릿에 주목하는 만큼
성장한다

최상의 그릿에 대해 조사를 할수록 더 많은 사례들이 발견된다. 하지만 암울한 뉴스, 일주일 내내 24시간 반복적으로 쏟아지는 문젯거리들, 정계나 사회 각계에서 용인되고 넘어가는 저속한 행동들의 소음 속에서 우리 바로 앞에 있는 그릿 사례들을 간과하고 배움을 얻지 못할 수도 있다.

나는 '아는 만큼 보인다'는 말을 믿는다. 우리 모두의 당면과제는 진정한 그릿을 구성하는 특성들을 알아채고, 그 진가를 알아보고, 다른 사람들과 공유하는 것이다.

나는 여러분이 겸손, 의지력, 열정, 인내 등 진정한 그릿의 강점들을 기르는 길을 가로막고 집중을 방해하는 일상 속 수많은 요인을 차단할 수 있도록 돕고 싶다. 이 책이 확인시켜줄 방향과 롤모델을 통해 당신이 대단히 어려운 환경 속에서도 성장하고, 변화하고, 번성하는 새로운 방식을 알 수 있기를 바란다.

당신이 무엇을 할 수 있을지 상상이나 해봤는가? 당신은 영감과 열정으로 가득하고 후회 없는 삶을 살 수 있도록 어떤 환경에서도 만개할 수 있는 법을 아는가?

자신의 노만 힘껏 저어라

가정이나 지역사회, 조직, 세계 속에서 일어나는 어떤 종류의 변화도 항상 한 사람에 의해 시작된다. "자신의 노만 힘껏 저어라"는 조정 경기의 구호는 이를 완벽히 표현해준다. 파도 속에서 같은 보트에 탄 다

른 사람의 노 젓는 법을 비판하고 정정해주느라 보트가 나아가지 못한
다면, 진정한 그릿을 기를 수 있는 좋은 기회를 놓치게 될 것이다.

일생일대의 경기를 펼치겠다는 열정 외에는 어떤 것도 기대하지 마
라. 그저 각자 최고의 기량을 발휘한다는 험난한 목표를 향해 각자의
자리에서 힘껏 노를 젓기를 촉구한다.

다음의 질문을 숙고하고 글로 써보자.

- 역사적 인물 중 러시모어형 그릿의 전형인 인물을 한 명 들어보
  라. 그들의 어떤 업적과 행동 방식이 그들을 진정한 그릿의 소유
  자로 만들었는지 설명해본다.
- (유명 선수이든 아니든) 올림포스형 그릿을 지니고 있어서 당신
  이 좋아하는 운동선수가 있는가? 그의 어떤 특징들이 두드러져
  보였는가?
- 당신이 보기에 대표적인 진정한 그릿의 소유자이며 긍정적이고
  희망을 주는 유명인사가 있는가? 그 사람에 관한 세부 정보나 당
  신에게 한계를 넓히고 좀 더 어려운 목표를 설정하도록 자극을
  준 행동에 대해 써본다.
- 당신 인생에서 평범한 그릿을 보여준 사람, 겸손과 열정, 끈기,
  희망의 특성을 실천해 보이는 사람의 이름을 들어본다. 당신이
  이 사람을 어떻게 아는지, 그의 옆에 있으면 어떤지 써본다. 그의
  존재가 당신의 생각과 행동을 어떤 식으로 달라지게 했는가?

당신이 좋은 그릿을 더욱 발전시키는 데 도움이 될 정보와 실천과제

를 제시하기에 앞서, 그릿이 과도할 때 무슨 일이 발생할 수 있는지, 그리고 당신의 끈기와 열정을 빛 좋은 개살구로 전락시킬 수도 있는 길로 접어들지 않으려면 무엇을 알고 실천해야 하는지 살펴보도록 하자.

06장

우리 자신이 만든 벙커

열정은 어떻게 강박으로 변질되는가?

잘생기고, 똑똑하고, 야심만만한 브라이언 윌리엄스는 방송사에서 승진 가도를 달린 끝에 〈NBC나이틀리뉴스〉의 앵커가 됐다. 머리카락 한 올 흐트러진 데 없고 불가사의할 정도로 동안인 그는 교전 지역, 허리케인 카트리나 피해 지역 등 온갖 위험한 현장에서 목숨을 걸고 보도하고 있다고 시청자들에게 말해왔다. 그리고 많은 청중 앞에서 그가 어떻게 아슬아슬하게 위험한 상황을 모면했는지, 헬기를 타고 가다 어떻게 총격을 받았는지, 거리에 시신이 널려 있는 광경을 목격했을 때는 어땠는지 진지하게 들려주면서, 이 모두가 존경받는 텔레비전 앵커 자리에서 정직하고 편견 없이 뉴스를 보도할 자격을 얻으려면 견뎌야 할 일들이었다고 이야기했다.

하지만 2015년 한 참전용사가 군인신문인 〈스타스앤드스트라이프스〉에 윌리엄스의 용감한 취재 비화 대부분이 지어낸 것이며, 그의 이런 행동이 실제로 포화 속을 누비는 용감한 장병들의 명예를 훼손했다는 글을 기고하면서 그의 이야기들이 허위임이 공개됐다. 뒤이어 윌리엄스가 실제보다 강인하고, 용감하고, 투지 있어 보이려고 수년간 보도를 윤색하고 과장해왔다는 이야기가 쏟아져 나왔다.

진정한 그릿을 위한 습관과 사고방식 육성이 왜 중요한지 설명하려면 올바른 그릿의 씨앗을 품고 있었지만 세상을 개선시키거나 다른 사람들도 노력하게 만드는 성과를 만들어내기에는 미흡했던 사람들을 살펴보는 것도 중요하다.

이 장에서 소개하는 브라이언 윌리엄스나 다른 사람들이 꼭 '나쁜' 사람이라고 할 수는 없다. 하지만 그들의 이야기에는 정직과 친절, 겸손 같은 핵심 특성을 확보하지 않고 그릿의 일부 강점을 이용해 명성과 돈, 성공을 잡아챌 때 그 성과가 무효로 돌아갈 수 있다는 경고가 담겨 있다.

다음 사례들을 읽으면서 자신도 모르게 고개를 끄덕이거나 빙그레 웃겠지만, 주의를 기울이며 읽어나가기 바란다. 잘못된 이유로 잘못된 길로 접어들었을 때 자아도취와 시샘, 오만, 무지의 경고 깃발이 펄럭이는 데도 주의를 기울이지 않는다면 '꼬마 기관차'가 어떻게 탈선할 수 있는지 분명히 보여주는 사례들이기 때문이다.

가짜 그릿

브라이언 윌리엄스는 '가짜 그릿'을 보여주는 완벽한 사례다. 가짜 그릿은 찬양의 대상이 되기 위해 편법을 쓰거나 업적을 꾸며낸 사람들에게서 볼 수 있는 특성이다. 물론 많은 사람이 관심 있는 이성이나 고용주가 될지도 모르는 사람에게 좋은 인상을 주기 위해 과장해서 말하기도 한다. 하지만 가짜 그릿의 소유자가 달성했다고 주장하는 업적은 그 수준이 다르다. 그들은 엘리트 집단에 들어가기 위해 그에 상응하는 힘든 일을 한 적도 없고, 할 수 없으리라는 사실을 뻔히 알면서도 그런 성과를 낸 척한다.

전쟁영웅의 칭호를 도용하는 행동은 미국인들이 가장 혐오하는 거짓말 중에 하나다. 군 복무는 국가나 출신 배경에 상관없이 당연히 존중받아야 할 경력이라고 믿기 때문이다. 내가 발견한 가장 지독한 가짜 그릿의 사례 중 일부는 군인이 받을 수 있는 최고의 무공훈장인 명예훈장을 받았다고 주장하는 사람들이었다.

명예훈장은 적과의 전투에서 생명을 걸고 용맹하게 혁혁한 공을 세운 사람이 받는 훈장으로, 훈장을 받은 사람 가운데 생존자는 79명에 불과하다. 그런데 가짜 명예훈장을 온라인이나 벼룩시장에서 구입해 이력서에 수상경력으로 써넣고 참전용사와 전쟁영웅을 기리는 퍼레이드에 참가하려다 거짓말이 들통나고는 한다.

훈장을 받았다고 거짓말하는 사람이 출현하는 이유에 대해 명예훈장협회 폴 부카 회장은 "우리 사회가 '승자'만을 중시해서 자신의 평범한 삶과 행동으로는 만족하기 어렵다고 믿는 사람이 있기 때문"이라고 설명했다. 그러면서 다음과 같은 말을 덧붙였다.

"왜 우리는 정상적이라면 들어갈 수 없는 대학에 연줄을 이용해서라도 입학하려 할까요? 왜 올림픽에서 성장 호르몬을 사용한 선수가 나올까요? 왜 아마추어 선수가 아닌 NBA 선수들을 올림픽에 출전시킬까요? 2등으로는 성에 차지 않아서죠. 우리는 포장을 아주 중시합니다. 승리가 전부가 됐어요. 그런 사회 안에서 가짜와 사기꾼이 나오는 것입니다."

그는 중요한 목표를 달성해야만 자기 가치를 인정받을 수 있다는 압박감에서 가짜 그릿이 자연히 파생되었으리라고 추측한다. 자신이 승자가 될 요건을 갖추지 못했으며, 그런 직함이나 칭호 없이는 자신의 가치가 떨어진다고 믿는다면, 무엇으로 세상에 기여하고 인생의 목적을 찾을지 고심하기보다는 자격도 없는 명예를 도용하는 편이 나아보일 수 있다는 것이다.

인기와 표를 바라는 정치인도 가짜 그릿에서 자유롭지 않다. 로널드 레이건의 경우 시력이 나빠 본토에서만 근무했는데도 실제보다 위험한 군생활을 한 듯이 말했다. 힐러리 클린턴 역시 1992년 보스니아를 방문했을 때 탄환을 피하려고 활주로를 뛰어갔다고 말했다가 공항 도착과 함께 미소를 지으며 손을 흔들고 악수를 하는 영상이 공개되면서 비난을 받았다.

부동산 개발업자 출신의 대통령 도널드 트럼프도 당연히 그 특유의 가짜 그릿을 보여주었다. 자기 인생에서 성공하지 못한 것은 없다고 자랑하는(이는 또 다른 종류의 부정적 그릿에 해당한다) 그의 허풍이야 유명지만, 사실 군대에 다녀온 척은 하지 않았다. 그는 거기서 한 걸음 더 나아가 뉴욕 사립사관고등학교 재학 시절 "많은 입대 장병보다 더 많은 군사 훈련"을 받았기 때문에 "항상 군대에 있는 느낌"이었다고 말했다.

무슨 수를 써서라도 이기는 것을 모두가 부러워한다면 편법을 택하는 사람이 나오는 게 당연하다. 실제로 스포츠계에서는 가짜 그릿이 자주 나타난다. 최근 몇 년간 아나볼릭 스테로이드와 성장 호르몬 같은 금지약물을 복용한 선수들로 인해 다수의 세계 대회와 올림픽 기록은 신뢰를 상실했다.

배리 본즈와 로저 클레멘스 같은 메이저리그의 슈퍼스타들 또한 자신의 성공을 위해 저지른 짓 때문에 경멸의 대상이 되었으며, 2017년 명예의 전당 헌액 투표에서도 저조한 득표율로 입성에 실패했다. 이런 변화는 영웅을 선정할 때만큼은 '진실성, 스포츠 정신, 품성'이 뛰어나야 한다는 자격 규정이 가짜 그릿보다 존중되고 있음을 보여주는 듯하다.

1996년 올림픽에서 수영 3관왕에 오른 아일랜드의 미셸 스미스는 이전까지 상위권에 든 적이 한 번도 없던 선수였다. 최정상급 선수가 되기 위해서는 말로 다할 수 없는 개인적 희생이 요구된다. 새벽 4시에 일어나 혹독한 연습과 웨이트 트레이닝을 몇 년씩 계속하는데도 기록을 단축시키지 못하는 선수들도 있다. 스물여섯의 나이에 극적으로 기록을 단축한 그녀에게 의혹이 쏟아지는 것도 당연했다. 금지약물 복

용으로 출전이 금지된 네덜란드 사이클 선수와 연인관계라는 점도 의
혹을 증폭시켰다.

스미스는 올림픽이 끝나고 1년 뒤 불시 약물 검사 대상으로 선정되
었는데, 소변 샘플에 알코올을 섞어 조작하려다 미수에 그치고 말았
다. 4년간 시합 출전권을 박탈당하자 은퇴를 선언하고 선수생활을 그
만두는 바람에 올림픽 메달을 그대로 유지할 수 있게 되면서 경쟁자들
의 입맛을 쓰게 만들었다.

스포츠 역사상 가장 지독한 가짜 그릿의 사례는 아마도 랜스 암스트
롱일 것이다. 그는 고환암을 극적으로 이겨내고, 어떤 인위적인 보조
제 없이 슈퍼맨과 같은 육체를 만들었으며, 강철 같은 의지로 투르 드
프랑스에 출전해 수차례 우승을 거머쥐었다.

랜스 암스트롱의 경기 모습 | 출처_ Josh Hallett

그가 만든 비영리재단 '리브스트롱Livestrong'은 암도 막지 못한 투지의 사나이가 이끄는 단체라는 후광 효과를 누렸다. 암스트롱 스스로도 수백만 달러의 상금과 후원금, 출연료를 벌어들이며 사기행각을 10년 이상 이어갔다.

그러다 마침내 반도핑기구에 증인으로 소환된 전 팀 동료들이 그간 그들이 목격하고 동조한 행각을 폭로하기에 이르렀다. 암스트롱은 그를 고발한 동료들을 가만두지 않을 것이며, 소송을 하겠다고 협박하며 악랄하게 대응했다. 그로 인해 생계가 곤란해지고 명성을 잃은 동료들도 여럿 있었다. 그 뒤로도 몇 년 더 그는 가짜 그릿 사연으로 대중을 속이는 한편, 은밀히 약물 디자이너로부터 약물을 사들였다.

하지만 그의 사상누각은 결국 무너졌다. 현재 암스트롱은 그에게 영예를 안겨주었던 사이클 경기에 평생 출전이 금지되고, 번번이 승리를 거머쥐는 불굴의 챔피언으로 보이려던 그의 욕심에 짓밟혔던 전 동료들에게 손가락질당하는 수치 속에서 반 고립 상태로 살고 있다.

대학과 다른 전문직 업계에도 가짜 그릿이 판치고 있다. 일류 대학의 의과대학과 심리학과의 연구자들이 데이터를 조작했다가 적발되는 추문이 무수히 터져 나왔다. 수년간 연구결과를 뒤져 통계적으로 의미 있고 주목할 만한 결론을 도출하는 따분한 일을 하고 싶지 않다는 이유에서였다.

최근 급증하고 있는 또 다른 가짜 그릿으로는 박사 학위나 종신 교수직을 얻기 위해 표절이라는 지름길에 의존하는 행위가 있다. 다른 사람의 성과를 자신의 것인 척하기가 훨씬 쉬운데 7년 이상을 독창적인 연구와 창작에 바칠 이유가 뭐가 있겠는가? 출근부를 조작해서 초과근무를 한 척하고, 자신이 사무실에서 가장 열심히 일하는 직원이라고 주장하는 사람들은 또 어떤가?

이런 행위는 종종 범죄로 이어지기도 한다. 2010년 미국 조정협회 자원봉사자로 존경받으며 강력한 영향력을 행사하던 렐라 웨스트의 경우가 그랬다. 올림픽 출전 선수를 결정하는 올림픽 위원에 선임되기까지 했던 그녀는 버지니아 고등부 조정협회에서 10여 년 동안 50억 달러(약 5조 원)를 횡령해오다 발각되었다. 그녀는 지속적으로 횡령을 하는 동안 협회에서 무급으로 수백 시간을 근무한 공로로 '조정의 여왕'이라고 불려왔다. 그녀는 한 신문과의 인터뷰에서 "저는 보수를 받고 일을 할 시간이 없어요"라고 말하며 겸손한 척까지 했다.

쉽게 성과를 내기 위해 편법을 택하는 가짜 그릿은 기업에서도 볼 수 있다. 이런 비도덕적 행동의 근본 동기는 대개 탐욕이다. 엔론과 웰스파고 스캔들은 최근의 두 사례에 지나지 않는다. 〈하버드비즈니스리뷰〉 역사상 가장 재치 있는 제목의 하나로 꼽힐 '미친 목표'라는 기사에서는 기업에서 원대한 목표가 설정되고 편법을 써야 결승선에 도달해 돈이나 승진 또는 둘 다를 얻을 수 있을 때 어떤 참사가 벌어지는지 상세히 열거한다.

기사가 언급한 대표적 사례는 포드의 핀토였다. 포드는 1970년대에 6개월 안에 무게가 1톤도 안 나가는 2,000달러짜리 자동차를 개발하겠다고 선언했고, 결국 핀토라는 소형차를 완성해 인기를 끌었다. 하지만 핀토는 치명적 결함을 가지고 있었다. 후방 추돌 시 연료

탱크가 밀려들어가 쉽게 폭발하는 위험한 결함이었다. 포드의 연구진은 범퍼만 보강하면 위험을 피할 수 있다는 사실을 알고 있었다. 하지만 당시 부회장이었던 리 아이아코카는 변경 없이 출시를 결정했고, 결국 900명의 사상사를 발생시켰다.

가짜 그릿은 진정한 그릿과 여러 모로 구분이 된다. 가장 큰 차이는 진정한 그릿의 소유자는 겸손하고 결코 자신을 자랑하지 않는다는 점이다. 반면 가짜 그릿의 소유자는 자신이 얼마나 큰 성과를 냈고, 얼마나 열심히 노력했고, 얼마나 강한지 당신이 알아주기를 원한다. 그래서 자신이 달성했다고 주장하는 성공을 한껏 과시하기 위해 자신의 업적을 알릴 인터뷰를 하거나, 랜스 암스트롱처럼 투르 드 프랑스에서 입은 유니폼을 액자에 넣은 사진을 트위터에 올리거나, 벼룩시장에서 구입한 가짜 훈장을 달고 독립기념일 퍼레이드에서 손을 흔들어댄다.

진실한 분위기로 자연스럽게 사람을 끌어당기는 대신 가짜 그릿의 소유자들은 지나친 자기홍보를 일삼다가 결국에는 사람들이 떠나가게 만들고, 그들의 비행이 발각됐을 때 사람들의 동정도 받지 못한다.

완고한 그릿

2012년 5월 19일, 캐나다의 여성 산악인 시리아 샤-클로핀은 마침내 에베레스트 정상에 올랐다. 수년간 꿈꿔왔던 세계에서 가장 높은 산

정상에 서는 꿈을 이룬 샤–클로핀은 사진을 찍는 데 1시간을 쓸 정도로 감격을 만끽하느라 하산시간을 맞추지 못했다. 등반대는 하산이 늦어지면 사망 가능성이 높아질 뿐만 아니라 다른 사람들까지 위험해지기 때문에 이제 돌아서야 한다고 경고했다. 하지만 그녀는 대수롭지 않게 흘려들었다.

그녀는 강력한 의지를 가지고 있었다. 남편의 말마따나 "그녀가 원하는 것이 있으면 어떤 말로도 그녀를 막을 수 없었다"고 전했다. 우려했던 것처럼, 그녀는 결국 얼마 못 가 최악의 상황에 부딪혔다. 셰르파들이 몇 시간이나 그녀를 끌고 내려왔지만, 결국 그녀는 사망하고 말았다. 10일 후에야 그녀의 시신을 수습할 수 있었다.

그녀의 강력한 의지는 분명 그릿의 특성이다. 장기목표를 추구하는 열정과 끈기 또한 마찬가지다. 하지만 그녀의 그릿은 진정한 그릿이었을까? 결코 아니다. 시리아 샤–클로핀은 '완고한 그릿', 즉 '상황의 변화로 긍정적 결과보다 부정적 결과를 초래하는 장기목표의 완강한 추구'라고 정의된 그릿을 가지고 있었다.

오랫동안 에베레스트 등정을 꿈꿔왔지만 샤–클로핀은 사실 등반에 대해 잘 알지 못하는 상태였다. 전문 산악인들은 대개 수년에 걸쳐 철저한 훈련을 통해 정신적, 신체적인 대비를 마친다. 하지만 그녀는 필수적인 훈련도 받지 않았다.

그녀가 준비한 것은 고집과 돈이었다. 진정한 그릿을 특징짓는 노력을 몇 년간 겸손히 기울이는 대신 트레킹회사에 비용을 지불하고 안내를 부탁했다. 심지어 트레킹회사는 에베레스트 등정을 안내해본 경험조차 없었다. 그들은 등반에 필요한 기술을 알려주겠다고 했지만, 그녀가 배운 것은 등산화에 아이젠 부착하는 방법 정도였다. 네팔인 셰르파들은 샤-클로핀이 등정할 준비가 되어 있지 않다는 우려를 표했지만 소용없는 일이었다.

다른 사람들보다 등반 속도가 느렸지만, 그녀는 여전히 오만했고, 자신에 넘쳤다. 단순히 체력이 좋고 고산병 증상인 두통이 없다는 이유였다. 사고 후 트레킹회사 책임자는 그녀의 등반을 허용한 결정에 대해 이렇게 책임을 회피했다. "우리는 말렸지만 매번 '나는 할 수 있어요. 할 수 있다고요'라고 했습니다."

산악인들이 '등정 열병'으로 부르는 증상이 있다. 에베레스트처럼 자랑할 만한 산을 등반하기 위해 시간과 돈, 자부심을 투자한 후 현지에 도착해 정상에 오르는 상상에 취해버린 비이성적인 상태를 말한다. 등정 열병은 불길한 기상 상태에도 정상까지 무리하게 오르게 만들고, 현명한 판단을 내리는 것을 방해한다. 자랑할 만한 자격을 간절히 얻고 싶은 마음은 본인의 목숨뿐 아니라 다른 사람의 목숨까지 위태롭게 한다.

광기 어린 욕구와 잘못된 의사결정은 스쿠버다이버들 사이에서도 발생한다. 침몰한 여객선에서 그릇 조각을 주워 자랑하고 싶은 마음에 자신의 기술이나 훈련 수준을 넘어서는 어리석은 잠수를 하는 것이다.

로우즈 부자는 심해에서 발생한 가장 비극적인 사건의 주인공이다. 그들은 유명세를 얻기 위해 뉴저지 앞바다에서 침몰한 독일 잠수함의 수수께끼를 풀겠다는 욕심을 부렸고, 그 욕심은 판단력을 흐리게 만들었다. 두 사람은 마지막 다이빙을 마친 후 감압증으로 고통받으며 죽어갔다. 등정 열병이 산악인들의 판단을 흐리게 만든 것처럼, 심해 황홀증이 명료한 사고를 방해한 것이다.

등정 열병, 심해 황홀증, 완고한 그릿 등 사고 원인이 무엇이든, 그들 모두는 야심찬 목표가 더 이상 의미가 없어진 상황에서도 끈질기게 목표를 추구했다. 자사의 제품이 더 이상 경쟁력이 없다는 신호를 확인했음에도 주변의 조언과 간청을 무시하고 자신의 판단이 옳다는 것을 증명하기 위해 돈을 쏟아 붓고 장시간 일하는 CEO나 부상을 입었음에도 탈진할 때까지 훈련을 해서 결국 손해를 보는 운동선수에게서도 완고한 그릿을 발견할 수 있다.

완고한 그릿은 우리 주변에서도 흔히 발견할 수 있다. 대표적으로 다이어트를 하면서 신경성 식욕부진의 위험한 지경에 이르는 사람 또한 완고한 그릿의 소유자로 볼 수 있다. 신경성 식욕부진은 엄연한 섭식장애로, 체중이 줄었을 때 신경성 식욕부진증 환자의 뇌는 제대로 작동하지 않는다. 전문가의 조언이나 진심으로 그들을 걱정하는 친구들의 타당한 충고가 없다면 목숨을 잃을 위험도 있다.

완고한 그릿의 가장 애석한 사례는 정상급 운동선수가 몸에서 보내는 혹사 경고 신호를 너무 오랫동안 무시하는 경우다. 미국 최고의 마라토너였던 라이언 홀은 2015년 짧은 전성기를 끝내고 은퇴를 선언했다. 그는 매주 최소 160킬로미터를 달렸고, 2012년 런던 올림픽을 앞두고는 시속 20킬로미터의 속도로 장시간 달리는 등 독특한 훈련 방법으로 수년간 몸에 무리를 줬다.

홀은 스탠퍼드대학교 재학 중 500미터 전국 대회에서 우승을 했고, 미국 역대 남자 마라토너 중 가장 빠른 2시간 4분의 기록을 세우는 등 수년간 정상급 선수의 지위를 누렸다. 하지만 지금은 과도한 훈련이 전성기를 단축하는 역효과를 낳았다며 후회하고 있다. "몸이 기준선까지 내려오도록 놓아둔 적이 있는지, 기준선이 뭔지도 몰랐다." 태생적으로 테스토스테론이 낮아 쉽게 피로해지는 것을 극복할 방법이 없다는 진단을 듣고 그는 육상을 그만두는 어려운 결정을 내렸다.

자만심은 완고한 그릿의 확실한 신호다. 가짜 그릿에서 나타나는 자아도취, 자기과시와 달리 완고한 그릿의 소유자는 신체적 문제든 정서적, 재정적 문제든 모든 문제에 묘안을 내놓을 수 있는 초인적인 능력이 자신에게 있다고 믿는다. 때로는 그 목표를 고수하는 것이 더 이상 무의미하다는 신호를 무시하는 자만심까지 보인다.

역사상 가장 뛰어난 테니스 선수 가운데 한 명인 세레나 윌리엄스는 때때로 완고한 그릿이 나타난다고 인정하면서 "저는 멈출 때를 모르는 문제가 있습니다. 제게는 정지 버튼이 없어요. 제게는 초기화라는 것이 통하지 않아요"라고 말했다. 그녀의 해결책은 뭘까? 그녀는 가족과 지원팀에 이렇게 부탁했다고 한다. "내가 아플 때는 필요하면 때려서라도 훈련하러 나가지 못하게 말려요."

진정한 그릿과 달리 완고한 그릿은 사람들을 고무시키지 못한다. 완고한 그릿의 소유자가 왜 현실을 보지 못하는지 의아하게 만들 뿐이다. 오디션 프로그램에 출연해 음정도 맞지 않는 노래를 불러놓고 재능이 없다는 심사평에 충격받아 무대를 박차고 내려가는 도전자들을 보라. 모든 사람에게 재능이 있다는 말을 들어온 그들은 심사위원이 틀렸다는 것을 증명해보이겠다고 일갈한다.

밀레니얼세대가 받아온 참가상이나 과장된 칭찬을 생각해보면 그들이 그렇게 생각하는 것도 무리가 아니다. 수십 년간 사람들의 대화에서 솔직함이 사라졌을 뿐이다.

경제학에서 말하는 '매몰 비용'으로 사람들이 더 이상 의미가 없어진 목표를 계속해서 추구하는 이유를 일부분 설명할 수 있다. 사람들은 많은 시간을 투자하는 결혼이나 경력관리에서 손해를 감수하거나 그만두려 하지 않는다. "승리의 쾌감보다 패배의 쓰라림이 크다"는 말은 이러한 인간의 본능을 요약적으로 보여준다.

자기결정 이론을 정립한 에드워드 데시는 "혼자 내린 결정은 절대 최상의 결정이 아니다. 그렇기 때문에 친구와 조언자, 동료를 두는 것이 매우 중요하다"고 밝혔다. 진정한 그릿은 더 이상 의미가 없어진 일에 시간과 돈, 에너지를 투자하는 것을 멈추고 포기할 때를 알려줄 상식적인 지지자와 조언자를 확보하는 것도 포함한다. 자만심은 당신으로 하여금 홀로 결정하게 만들거나 자존심이나 권위를 절대 건드리지 않는 예스맨으로 주변을 채운다.

셀카 그릿

2014년 가을, 로버트 오닐은 미군 특수부대 비밀 요원 규정을 깨뜨리고 대중매체에 전격적으로 등장했다. 비밀 요원들은 모든 작전의 세부 사항을 비밀로 하겠다는 서약을 한다. 하지만 그는 2011년 파키스탄에서 오사마 빈 라덴을 죽인 대원이 자신이라고 밝혔다.

유명해지고 싶다는 밀레니얼세대의 욕망은 오닐의 인터뷰와 자부심에도 그대로 반영된다. 〈에스콰이어〉와의 인터뷰에서 그는 비밀 작전을 세세히 밝히며 전공을 독차지해 동료 부대원들을 격분시켰다. 특수부대전우회 회원들은 하나같이 그를 경멸했다. 그의 행동은 "팀team이란 단어에는 내가 없다"라는 복무신조에도 위반된다. 안타깝게도 오닐은 2015년 말 이슬람 근본주의를 표방하는 테러단체인 ISIS에 의해 집주소가 공개되었고, 암살 1순위로 지목되었다.

셀카 그릿은 가짜 그릿이나 완고한 그릿과는 유형이 조금 다르다. 셀카 그릿의 소유자는 자신의 업적을 자랑하지만 가짜 그릿의 소유자와는 달리 실제로 달성한 업적을 자랑한다. 완고한 그릿의 소유자와는 다르게 실패하고도 더 매달리지 않는다.

셀카 그릿의 독특한 점은 '실제 또는 상상 속의 장애물을 포함해 어려운 목표를 추구하는 자신을 끊임없이 찬양한다'는 것이다. '상상 속'이라는 단어를 선택한 것은 그들이 달성한 어려운 목표가 사실 당신이 믿어주기를 바라는 만큼 힘든 길은 아니었던 경우가 종종 있기 때문이다. 셀카 그릿에서도 자아도취의 냄새가 강하게 난다.

신입생 때 이미 대학 미식축구 최우수 선수에게 수여하는 하이즈먼상을 받은 조지 맨지엘은 셀카 그릿의 소유자다. 텍사스A&M대학교

쿼터백이었던 그는 유명세가 높아지고 경신하는 기록이 늘어날수록 무례해지고 공격적으로 변해갔다. 그는 상대 팀과 관중을 조롱하고, 돈을 세는 듯한 제스처를 자주 취했다. SNS를 통해 자신을 홍보하는 데도 거리낌 없었다.

2014년 NFL 드래프트에서 22번으로 클리블랜드 브라운스의 선택을 받을 만큼 충분한 재능이었지만, 얼마 지나지 않아 문제가 발생했다. 알코올 문제와 가정폭력으로 기소가 된 것이다. 브라운스는 2015년 시즌 종료 직후 그를 방출했고, 에이전트도 그를 포기했다. NFL에서 활약할 기회가 영원히 사라진 것이다.

멘지엘 역시 완고한 그릿을 대표한다. 만약 그에게 진정한 그릿의 구성요소인 겸손과 절제력이 있었다면 프로에서도 자신의 재능을 발휘할 수 있었을 것이다. 하지만 그는 그를 걱정하는 가족과 친구의 말을 귀담아 듣는 대신, 여전히 자신에게 문제가 없다며 술과 마약에 빠져 있는 것을 선택했다.

혼자 힘으로 되는 것인가?

진정한 그릿을 소유한 사람들과의 인터뷰에서 내가 발견한 특징은 대다수가 목표를 추구하는 동안 다른 사람들로부터 어떤 지원을 받았는지 이야기했다는 점이었다. 셀카 그릿 소유자들의 이야기를 세심히 검토해보면 항상 그 반대였다. 그들은 어떤 말보다 '내가' 또는 '나를'이라는 대명사를 자주 사용했으며, 그들의 성공에 일조한 누구에게도 감사를 표시하는 법이 없었다.

대학 시절부터 관심을 한 몸에 받은 조니 멘지엘의 과시적인 행동은 드문 경우가 아니다. 그래서 일부 팀에서는 그런 행동을 아예 금지하거나 벌금을 부과함으로써 제어하려고 한다. 노트르담대학교의 경우 어떤 선수도 다른 선수보다 특별하지 않다는 것을 교육하기 위해 유니폼에 선수의 이름을 넣지 않고 있다. 멋진 경기를 펼친 후 관중의 호응을 유도하는 선수에게 코치가 경고를 주기도 한다. 코치는 이렇게 혼을 냈다. "너 혼자 해냈다고 생각하나? 네가 그 플레이를 할 수 있도록 해준 다른 선수들의 공은 생각하지 않아? 다시는 그런 행동 하지 마!"

벙커에 숨어 있어서는 안 된다

다시 처음 질문으로 돌아와 보자. 유대인 말살을 지시했던 아돌프 히틀러는 그릿의 소유자인가? 물론, 그에게도 그릿이 있었다. 하지만 최악의 그릿이었다. 히틀러는 자아도취가 심했고, 반대의견을 참지 못했던 것으로 악명이 높았다. 히틀러는 자신의 세계관을 강화하기 위해 그의 제국이 무너지는 동안에도 자신이 듣고 싶은 이야기만 하는 참모들로 주변을 채웠다.

진정한 그릿을 기르기 위해서는 우리 자신이 만든 벙커에서 나와야 한다. 주문형 서비스와 스마트폰 앱 덕분에 우리는 관심 있는 뉴스만 선별해 받고, 개인적으로 지지하는 것 이외의 주장을 쉽게 걸러내고 있다. 우리 마음에 들지 않는 생각들은 차단해버리기 쉬운 시대인 것이다. 그런 격리는 우리의 열정을 강박으로 변질시킨다. 히틀러의 사례는 그런 행동이 얼마나 위험할 수 있는지 극명하게 보여준다.

분석하고, 질문하라. 우리의 생각과 삶에 대한 자세를 바꾸라는 도전을 받아들이고 인정하라. 우리가 진정한 그릿을 기를 때, 우리의 유연성도 길러진다.

3부

무엇이 우리를
끝까지 해내게 만드는가

D-DAY
16
3
1
2
8

07장

작은 승리의 경험

가장 소중한 사람을 위한 그릿 트레이닝 8단계

진정한 그릿의 소유자는 몇 가지 특징을 가지고 있다. 겸손, 결단력, 끈기, 자기통제, 낙관주의가 대표적이다.

그릿을 가지는 데 동기를 부여해줄 지침을 마련하면서, 주의 사항도 함께 준비할 필요가 있다는 생각이 들었다. 재료 한 가지를 빠뜨리거나, 너무 오래 굽거나, 온도를 고려하지 않거나, 재료를 충분히 섞지 않으면 맛이 달라지는 케이크 레시피와 비슷하다.

이 책에서 소개한 가르침을 한 번에 하나씩 따라 하기만 하면 좋은 결과가 보장될 것이라고 기대해서는 안 된다. 진정한 그릿을 기르기 위해서는 이 방법들을 시험해보고, 거듭 연습하고, 어떤 방법이 효과적인지 시행착오를 거쳐야 한다. 칼질만 잘하는 요리사에서 모든 일을 총괄하는 수석 요리사로 진화해야 하는 것이다.

끈기나 자기통제력을 발휘하기도 하지만 대체로 그렇지 못하다면 진정한 그릿을 기르지 못한다. 당신은 그저 그릿 트레이닝을 시도했을 뿐이다. 목적이 생겼지만 그에 따른 목표를 설정하지 않고, 운명이 선택한 길을 가는 것에 대해 피드백을 받지 않는다면 당신은 그저 몽상가일 뿐이다. 관용과 이타심으로 움직이는 팀을 형성하는 대신 내킬 때만 다른 사람에게 도움을 준다면, 목표의 일부를 이룰 수는 있겠지만, 당신은 언제나 홀로 축하하게 될 것이다.

존경받는 무도인인 폴 토머스도 이와 비슷한 지적을 제자들에게 했다. 그는 무엇을, 왜 하는지 질문한다. 수업 중간에 찌르기, 발차기, 던지기 동작을 아름답고 정확하게 보여준 후 "이 동작을 할 때 나는 무도인인가?"라고 묻는다. 만약 고개를 끄덕인다면, 틀린 대답이다. 토머스는 엄격하게 대답을 바로잡아줄 것이다. "그것은 누군가 무술을 하는 모습이다."

그에 따르면 무도인은 다양한 상황에서 언제 공격하고, 어떻게 공격하고, 무엇을 해야 할지 아는 지식과 능력, 마음가짐을 골고루 갖춘 사람이다. 상대의 눈을 똑바로 보고 도전을 피하지 않는 사람이고, 모든 동작을 우아하고 조화롭게 연결할 줄 아는 사람이다. 그저 수업에 참석해 발차기와 주먹질을 하는 사람은 아직 무도인이 아니다. 그냥 무술 동작을 하고 있는 사람일 뿐이다.

무도인이 되기까지 시간이 걸리듯, 진정한 그릿을 기르는 데도 시간이 걸린다. 때로는 인내가 요구되기도 한다. 목적과 그에 따른 목표, 의지력, 긍정적 관계, 환경 등 우리가 노력하는 모든 것이 상호의존적이기 때문에 어느 한 요소라도 빠뜨린 채 고차원적인 목표를 추구하는 것은 핵심 재료를 빠뜨리고 케이크를 굽는 것과 마찬가지다.

예를 들어 긍정적 정서를 증진시키기 위해 노력하고 싶지만 부정적 정서를 가진 사람들에게 둘러싸여 있다면 긍정적 감정이 높아지기는커녕 발전하고 싶은 마음마저 곧 사라질 것이다.

겸손과 인내심이 그날의 기분에 따라 오락가락한다면 어떻게 좋은 결과를 기대할 수 있겠는가? 욕구 충족을 미룰 수 없는데 왜 어려운 목표를 설정하고 추구하기 위해 애쓰는가?

모든 것을 한꺼번에 바꾸려고 하지 마라. 당신이 노력해보고 싶은 특성을 다룬 장에서 시작해 그 장의 마지막에 제시한 제안들을 따라 하고, 당신이 원하는 결과를 얻는 데 무엇이 가장 효과적인지 알아보라.

생각이 비슷한 사람들과 함께 이 과정을 할 수도 있다. 제시된 실천 과제들은 생각을 유도하도록 고안됐다. 글쓰기를 요구하는 문제도 있고, 새로운 행동에 대해 생각하고 실천하라는 문제도 있다. 여러 번 반복할 수 있는 과제도 많으므로 복사해서 그릿을 기르는 여행에 함께하고픈 가족과 친구, 동료와 공유하고, 진전 상황을 함께 확인하고, 함께 축하하라.

그 과정을 게임처럼 만들어도 괜찮다. 투지 넘치는 당신에 이르는 길을 즐길 수 있다면 뭔들 어떻겠는가?

진정한 그릿이 안겨준 금메달과
그 후의 선물

2016년 리우 올림픽 개막 몇 주 전, 1996년 올림픽 여자체조단체 우승자 케리 스트러그의 인터뷰를 우연히 시청한 적이 있다. 그녀는 인터뷰에서 그릿으로 어떻게 자신의 인생을 영원히 바꿔놓았는지 이야기했다.

1996년 여자체조팀의 목표는 1948년 이후 러시아가 독점해온 단체전 종합우승을 탈환하는 것이었다. 스트러그와 체조팀은 에모리대학교 기숙사에서 합숙하며 유대를 강화하고, 목표에 집중하고, 성공을 마음속으로 그리며 올림픽을 준비했다.

올림픽 최종 라운드에 진출한 여자체조팀은 근소한 차이로 러시아를 앞서고 있었다. 그런데 도미니크 모체아누가 도마 종목에서 그만 두 번이나 넘어지고 말았다. 한 번도 없던 일이었다. 우승의 향방은 10대에 불과했던 케리 스트러그에게 달려 있었다.

스트러그는 상대적으로 수상 경력도 화려하지 않았고, 팀 내에서 도마 점수가 가장 높은 선수도 아니었다. 그럼에도 우승을 확정짓겠다고 결심한 그녀는 출발 자세를 취하고 힘차게 달려가 난이도가 높은 동작을 수행했다. 하지만 착지할 때 왼쪽 발목 인대가 파열되면서 타는 듯한 통증을 느끼며 매트 위로 쓰러졌다.

발목을 부여잡고 쓰러진 스트러그에게 코치는 이렇게 말했다. "케리, 아직 한 번의 점프가 남았어. 착지 동작에 조금 더 신경 쓰자. 할 수 있겠어?" 스트러그는 "올림픽인데 할 수 있어요"라고 말하며 일어섰다.

케리 스트러그가 코치에 안겨 시상대에 오르는 모습 | 출처_ business insider

　그녀는 다시 출발선에 섰다. 발목이 끊어지는 듯한 통증이 계속됐지만, 기도를 마친 그녀는 신들린 듯 22미터를 달려 도마를 딛고 도약했다. 완벽한 착지였다.

　그녀는 부상당한 발을 들고 한 발로 껑충거리며 심판과 관중들에게 미소를 보낸 직후 매트 위에 주저앉았다. 관중들은 엄청난 기립박수로 화답했고, 러시아 선수들은 속절없이 그녀를 바라만 보았다. 붕대로 발목을 칭칭 감은 스트러그는 코치에게 안겨 시상대에 올랐다.

스트러그는 올림픽을 앞두고 도마를 비롯해 다른 종목의 기술을 수천 번 연습했고, 완벽한 수행이 가장 필요했던 순간에 성공적으로 해냈다. 그녀는 훈련을 하고, 겸손한 자세를 갖고, 끈기를 발휘하고, 정신력을 강화하고, 믿음에 기댔다. 이 모두를 하나로 엮어내자 각각 따로 수행하는 것보다 훨씬 강력한 힘을 발휘했다. 앞서 폴 토머스의 말에 빗대면, 누군가 체조를 하는 모습이 아니었다. 중압감 속에서도 최대의 용기와 집중력이 요구되는 상황에서 그릿을 발휘한 올림픽 체조 선수의 모습이었다.

그날 스트러그의 투혼은 개인 금메달과 팀이 그토록 바랐던 단체전 우승이라는 결과만 가져온 것이 아니었다. 진정한 그릿이 이를 기르고 발휘할 용의가 있는 사람에게 미치는 효과도 얻었다. 그날의 경험이 한 인간으로서의 그녀를 바꿔놓은 덕에 그 후로 그녀는 다른 일들과도 기꺼이 씨름하게 되었다.

스트러그는 "그날 도마 경기는 사람들이 이해하는 것보다 훨씬 의미가 큽니다"라고 이야기한다. "모두의 시선이 제게 집중됐던 순간의 압박감을 이겨냈기 때문에 그 이후로 제 자신과 능력을 아주 다르게 보게 됐어요."

당신 자신의 올림픽 경기를 준비하라

이어지는 장들은 나와 함께한 수많은 고객과의 경험을 바탕으로 중요성을 판단해 배치한 것이다. 하지만 당신에게 필요한 특성을 다룬 장부터 시작해도 좋다. 모든 사람들이 다른 것처럼 당신에게 중요한 그릿도 다를 것이기 때문이다.

케리 스트러그처럼 당신도 수년간 지루한 연습을 이겨내야만 원하는 만큼의 강인함과 회복탄력성에 도달할지도 모른다. 지루한 연습은 여러 번의 소소한 승리라는 성과를 가져올 것이다. 또한 승리의 경험이 제공하는 자신감과 기쁨, 경험으로 인생 최대의 목표를 이룰 당신의 올림픽을 맞이할 준비를 마칠 수 있다.

막상 올림픽 무대에 올라선 순간, 준비가 덜 됐다는 느낌이 들 수도 있다. 하지만 당신의 훈련을 믿고, 정신을 바짝 차리고, 그대로 달려가야 한다. 당신의 착지는 완벽할 것이고, 인생은 완전히 달라질 것이다. 영원히!

08장

강박적 열정과 조화로운 열정

무엇이 목적을 추구하게 만드는가?

잭 헤어스톤은 은퇴 이후 남부 플로리다에서 우울한 시간을 보내고 있었다. 그에게는 살아가야 할 뚜렷한 이유가 없는 것처럼 보였다. 하지만 2013년, 한 청년이 고장 난 자전거를 헤어스톤의 집 앞에 세운 그날 이후 모든 것이 달라졌다.

공구를 다룰 줄 알던 헤어스톤은 청년의 자전거를 수리해줬고, 결근할 뻔했던 그 청년은 무사히 출근할 수 있었다. 머지않아 헤어스톤이 자전거를 잘 고친다는 소문이 퍼졌다. 사람들은 고장 난 자전거를 끌고 그의 집 앞에 모이기 시작했다. 자신이 쓸모없다는 우울함 속에서 살던 헤어스톤에게 갑자기 살아가는 목적이 생긴 것이다.

헤어스톤은 하루하루가 기다려졌다. 자전거를 수리하면서 다른 사람의 삶에 영향을 미칠 수 있다니! 자신이 살 가치가 있는 존재라는 확신이 다시 그에게 찾아왔다.

헤어스톤은 자전거 몇 대를 수리하는 데 그치지 않았다. 그가 설립한 자선단체 '잭더바이크맨*Jack the Bike Man*'은 수많은 봉사자가 아주 적은 돈만 받고 참여하는 전국 최대 규모의 행사를 16년째 개최하고 있다. 매년 크리스마스에 수리한 자전거를 불우한 아이들에게 선물하고, 자전거를 수리하는 법과 타인을 돕는 법도 함께 가르치고 있다.

헤어스톤은 자전거 선물이 동네 환경을 개선하고, 이웃과 서로 알게 해주며, 교통수단이 없는 가족에게 교통수단을 제공한다고 생각한다. 그가 매해 크리스마스에 벌이는 자전거 증정 행사는 그 지역의 많은 가족이 가장 고대하는 날들 중 하나가 되었다. 크리스마스에 선물도 못 받고 지나갔을 수백 명의 아이들에게 그의 자전거는 삶의 빛이 되어주고 있다. 작은 수고에서 시작된 일이 헤어스톤의 삶을 구원하고, 새로운 열정과 목적을 찾아준 것이다.

갈망하는 목표

그릿을 가지려면 열정이 있어야 한다. 해결책도 보이지 않고 어려운 상황에서 끈질기게 노력하게 만드는 것은 열정이다. 다른 사람들의 의심과 비판 속에서 당신이 가는 길의 중요성을 스스로 떠올리게 하는 것도 열정이다. 임무의 중요성을 다른 사람에게도 알리고 함께 동참하도록 설득하는 것도 바로 열정이다.

그렇다면 열정은 어떻게 생길까? 열정은 목적과 어떤 관계가 있는 걸까?

오스트리아 출신의 월터 미셸은 참을성의 장기적 이득을 밝혀낸 마시멜로 실험의 고안자로 유명하다. 마시멜로 실험을 통해 그는 '갈망하는 목표' 또는 열성이 있는 사람은 유혹을 쉽게 거부하고 프로젝트를 끝까지 끌고 갈 수 있다는 사실을 증명했다.

그가 여덟 살이 되던 해, 오스트리아는 독일에 합병됐다. 유대인이었던 미셸의 가족은 미국으로 도피했지만 예전의 경제적 지위를 되찾지는 못했다. 하지만 미셸의 할머니는 참을성의 중요성을 계속해서 이야기했고, 졸지에 피난민이 된 충격에서 벗어나는 삶을 살겠다는 새로운 열정을 갖고 가족 모두가 할머니의 말에 따랐다고 한다. 그 열정은 나중에 아이들에게 트라우마를 극복하는 법을 가르치겠다는 열정으로 바뀌었다.

미셸의 사례는 좌절을 경험한 뒤 다른 사람들은 자신과 같은 경험을 하지 않도록 또는 같은 일을 겪더라도 더 나은 대처수단을 가질 수 있도록 결심한 사람이 보이는 전형적인 모습이다.

섭식장애를 성공적으로 극복한 후 나 또한 같은 선택을 했다. 인생이 절망적으로 보이더라도 살아 있는 것은 명백한 특권이었다. 그런 생각이 들자 하루하루를 열심히 살아야겠다는 열정이 되살아났다.

열정은 인생의 목적 또한 되찾아줬다. 사람들에게 긍정적 변화에 대한 희망을 주고 그 방법을 알리는 것이 내 인생 목적이 되었고, 코칭과 강연, 글쓰기에 매진하게 만들었다. 이를 통해 다른 사람으로 하여금 지금 당장 최선의 삶을 영위하게 만들어줄 뿐 아니라 인생에 가장 큰 변화를 가져올 어려운 목표들을 달성하게 이끌 수 있었다.

열정은 이처럼 불시에 발견되기도 하지만, 정신적 외상을 경험한 뒤에 생기기도 한다. 에이미는 힘든 상황을 견뎌내면서 대의를 위한 열정을 발견했다.

에이미는 1988년 워렌과 결혼해 맥스를 낳았다. (교통사고로 아내를 잃은 워렌에게는 이미 존과 아담 두 아들이 있었다.) 안타깝게도 맥스에게는 문제가 있었다. 정신지체와 행동, 학습장애를 동반하는 유전질환을 갖고 태어난 것이다.

세 아들을 키우는 일은 사람을 탈진시키고, 삶의 열정까지 무너뜨릴 수 있다. 그녀도 마찬가지였다. 하루가 어떻게 지나가는지도 모를 지경이었다. 하지만 에이미는 무너지는 대신 에너지를 그러모아 투지 넘치는 자세로 맥스와 두 아들이 최상의 삶을 살 수 있도록 이끌었다.

엄마를 잃은 존과 아담이 안정적이고 정상적인 생활을 할 수 있도록 돕는 일은 곧 익숙해졌다. 하지만 맥스에게 요구되는 전문적인 보살핌을 24시간 제공할 수 없는 현실은 견디기 버거웠다. 몇 년간 여러 시설을 조사하고 맥스의 상태를 열심히 알린 끝에 버몬트의 하트비트^{Heartbeet}에 입소시킬 수 있었다. 하트비트는 장애인들과 일반인들이 농장에서 함께 생활하는 공동체인데, 입소하기 어려운 만큼 아이들이 목적이 있는 삶을 살 수 있도록 적절하고 충실한 도움을 제공한다.

에이미는 세 아들의 엄마로 살면서 열정과 투지를 갖고 충실하고 의미 있는 인생을 살게 되었다고 믿는다. 맥스 덕분에 삶의 교훈들을 얻게 된 점도 감사하다고 말했다. "누구나 투사가 될 수 있습니다. 아이들은 저를 투사로 변하게 만들었고, 그 덕분에 저는 더 나은 사람이 되었습니다."

강박적 열정 대 조화로운 열정

로버트 발러랜드 퀘백대학교 심리학과 교수는 늘 에너지로 넘친다. 그는 '조화로운 열정'과 '강박적 열정'으로 이름 붙인 그의 연구에 대해 언제든지 열정적으로 이야기할 준비가 되어 있다. 한때 농구 선수였던 그답게 스포츠를 예로 들어 사람을 행복하고, 현명하고, 사회에 공헌하게 만드는 긍정적인 열정(조화로운 열정)과 주저하고, 생기를 빼앗고, 생활의 중요한 영역을 소홀하게 만드는 부정적인 열정(강박적 열정)의 차이를 설명한다.

그에 따르면 조화로운 열정은 앞날을 생각하고 긍정적인 상상을 하게 만들지만, 강박적인 열정은 어떤 일을 해야 할 것만 같은 생각이 불쑥 들게 만들고, 그 충동을 억제하기 힘든 특징이 있다. 당신을 존중하고, 아무 조건 없이 헌신하는 배우자와 질투하고, 받기만을 원하는 배우자의 차이를 생각하면 된다.

발러랜드는 위대한 농구 선수 빌 브래들리를 예로 들었다. "그는 열

빌 브래들리(가운데)와 뉴욕 닉스의 동료들 ｜ 출처_ Dan Farrell

정적인 농구 선수였고, 최고들이 모인 NBA에서도 뛰어난 성과를 올렸습니다. 뉴욕과 밀라노에서 우승을 차지하기도 했죠. 하지만 다른 영역에서도 결코 성장을 멈추지 않았습니다. 옥스퍼드대학교에서 정치학을 공부하면서 매년 32명밖에 받지 못하는 로즈장학금Rhodes scholarship도 받았고, 석사 학위를 취득한 후 상원의원에 선출되었습니다. 그는 자신을 농구 선수로 국한시킨 적이 결코 없었습니다. 그래서 다른 열정들도 탐색할 수 있었던 것이죠. 그가 발견한 열정이 그가 정치인이라는 두 번째 직업을 가질 수 있도록 만들어준 것입니다."

발러랜드는 국경없는의사회처럼 대의명분을 위해 봉사하는 사람들, 힘겨운 경험을 하고도 오히려 더 훌륭한 인생관을 가진 사람들을 조화로운 열정을 보여주는 사례라고 덧붙였다.

강박적인 열정을 가진 사람들은 자신이 할 수 없는 일 앞에서도 열정을 놓지 못한다. 발러랜드는 뛰어난 실력과 경력을 갖췄지만 은퇴 후 몰락의 길을 걷는 선수들이 많은 이유로 강박적 열정을 꼽았다. 수많은 대학 선수가 늘 고민과 불안에 시달리는 이유 또한 마찬가지다.

끊임없는 역량평가는 개인이 감당하기 어려운 문제다. 핵심 자아개념이 경기 성적과 밀접한 관계가 있다면 더욱 그렇다. 강박적 열정의 소유자들은 대부분 회복탄력성을 제공하고, 경기 성적이 부진하거나 부상 후 재활을 견디게 해줄 성장형 사고방식을 가지고 있지 않다. 일부 선수들은 선수생활 경험만큼 긍정적이고 확실한 느낌을 주는 일을 찾는 데 몇 년이 걸리기도 한다. 이는 결국 낮은 자존감과 자신감으로 이어진다.

NFL 같은 체육단체들은 이런 문제를 인식하고 선수들에게 은퇴 후를 대비하라는 메시지를 꾸준히 주입하고 있다. 선수들은 시간을 들여 새로운 기술과 취미를 배워야 하며, 이를 통해 강박적 열정이 사라지는 순간을 대비할 수 있다는 것이다.

두 가지 열정?

벤저민 셸렌버그와 대니얼 베일리스는 조화로운 열정은 삶에 행복을 더해주지만 강박적 열정은 행복을 감소시킨다는 기존의 연구결과들을 다시 한 번 증명했다. 〈긍정심리학회지〉에 소개된 그들의 논문에 의하면 한 가지가 아니라 두 가지 일에 조화로운 열정을 갖는 것이 실제로 더 긍정적인 결과를 가져왔다.

1,000명 이상의 대학생들에게 가장 좋아하는 활동을 묻는 행복감 검사에서 조화로운 열정을 가진 활동이 두 가지 이상인 학생들이 한 가지이거나 하나도 없는 학생들보다 높은 점수를 받았다. 두 가지 긍정적인 활동에서 즐거움을 찾으면 행복감이 배가된다는 것을 보여주는 결과였다. 이는 둘째, 셋째 아이가 태어난다고 첫째와 둘째에게 느끼는 기쁨이 감소하지 않는 것과 같다. 오히려 모든 아이에게 나눠줄 사랑이 더 샘솟는 느낌을 받을 것이다.

강박적 열정에서
조화로운 열정으로

수영 선수로 전설적인 업적을 달성한 마이클 펠프스는 강박적 열정을 보여주는 좋은 예다. 펠프스는 어려서부터 수영과 승리에만 집착하는 불행한 삶을 살았다. 2012년 올림픽 후에는 우울증과 약물, 알코올에 빠졌고, 음주운전으로 체포되기도 했다. 감정적으로 나락으로 떨어졌고, 결국 중독치료센터의 문을 두드릴 수밖에 없었다.

펠프스는 중독치료센터에서 자신을 나락으로 빠뜨린 괴로운 감정들뿐만 아니라 수영을 하고 싶다는 내재적 동기를 진솔하게 검토했다. 그 덕에 생명도 구하고, 목적의식도 다시 찾을 수 있었다. 새로운 인생이 시작된 것이다. 자살까지 생각하게 만들었던 강박적 열정은 조화로운 열정으로 바뀌었고, 모든 것을 내려놓고 오직 수영에 대한 순수한 사랑만으로 훈련에 임하게 되었다.

그 결과 서른한 살의 나이에 올림픽 출전권을 다섯 번이나 획득한 최초의 선수가 되었고, 리우 올림픽에서 금메달 다섯 개, 은메달 한 개를 추가하며 총 28개의 올림픽 메달을 획득한 역대 최다 올림픽 메달 수상자로 등극했다. 28개의 메달 중 무려 23개가 금메달이었다.

승리만 지향했던 펠프스의 열정은 그가 사랑하는 수영의 새로운 지평을 열기 위한 열정으로 진화했다. 진화한 열정 덕분에 매일 이어지는 고된 훈련에 짜증내는 대신 훈련이 자신에게 어떤 기쁨을 선사하고 다른 수많은 사람에게 영감과 격려를 어떻게 줄 수 있는지에 집중할 수 있었다.

열정이 아닌 것들

열정은 당신이 사는 보람이며 표출하고 싶은 것이다. 열정을 표출하는 것은 '관심'을 갖는 것과는 전혀 다르다. 그릿 점수가 낮으면서 이루지 못한 목표들을 후회하며 살고, 관심사는 아주 많지만 열정의 대상으로 발전시킨 것은 하나도 없는 사람들을 쉽게 발견할 수 있다.

그들은 새로운 생각을 탐색하기를 즐기고 쉽게 수용하기도 하지만, 새로운 생각을 끝까지 추구하는 데 필요한 끈기를 갖고 있지는 않다. 주의지속시간이 짧기 때문이기도 하고, 새로운 것을 정말로 즐기기에 계속 새로운 대상을 찾기 때문이기도 하다.

하지만 그들에게는 관심사를 끝까지 실행할 열정은 없다. 한 교육업체의 통계에 따르면 30개로 구성된 교육 영상의 시청률을 조사했을 때 두 번째 영상부터 시청률이 절반으로 떨어졌고, 마지막 영상을 시청한 사람은 10퍼센트 이하였다.

관심사는 있지만 열정은 없다고 생각된다면 관심이 가는 일을 골라서 좀 더 깊이 추구해보기 바란다. 때로는 그 일에 푹 빠져봐야 한다. 어떤 악기에 손을 대보기는 했지만 레슨을 받아본 적이 없다면 포기하지 말고 몇 개월은 노력해보라. 배워보고 싶은 것이 있다면 온라인 강의를 신청하고 끝까지 수강해보라. 아이들이 체스, 피아노, 구구단 등을 배울 때 처음에는 지루해하고 열정을 느끼지 못하듯 성인인 우리도 불타오르게 할 일을 찾으려면 초기 탐색 단계를 지나야만 한다.

관심사를 취미로 전환해야 할 이유는 또 있다. 너무 많은 일에 관여되어 있으면 에너지 소진율이 높아져 한 가지에 전념할 여력이 생기지 않는다. 심리학자 댄 애리얼리가 MIT에서 수행한 연구를 보자. 연구에 따르면 대부분의 사람들은 미래의 선택지가 앞으로도 발전될 가능성이 낮다고 해도 가능성을 '닫아'버리기를 거부한다. 이는 정말 중요한 일에 할애할 시간과 집중력을 감소시키는 결과를 가져온다.

애리얼리는 가장 중요하고, 정서적 보상이 가장 큰 선택지에 집중하라고 제안한다. 일본의 정리컨설턴트 곤도 마리에의 주장도 이와 동일하다. 그녀는 '물건'들로 채워진 삶을 사는 사람들에게 '기쁨'을 불러일으키지 않는 물건을 전부 처분하라고 권유했다.

열정은 목적을 추진하게 한다

진정한 그릿을 가진 사람의 삶을 살펴볼수록 열정은 그 사람의 목적을 이해하는 핵심이라는 사실을 알게 된다. 워싱턴DC의 로비스트 웨인 파셀을 예로 들어보자. 그는 동물 복지에 열정을 갖고 있었다. 이 열정은 동물 학대를 막겠다는 목적으로 이어졌다. 예일대학교를 졸업한 그는 30년 전 청년 시절부터 엄격한 채식주의자의 삶을 선택했고, 동물들이 학대당하는 현장이 어디든 그들을 구하기 위해 지칠 줄도 모르고 노력해왔다.

파셀의 끈질긴 협상 덕분에 씨월드는 공연용 범고래 사육을 단계적으로 폐지했고, 펫스마트와 펫코는 개사육장에서 공급받은 강아지의 판매를 중단했다. 링링브라더스와 바넘앤베일리서커스는 코끼리쇼를 중단했고, 국립보건원은 침팬지를 사용한 실험을 중지하겠다고 약속했다.

파셀에게 진정한 그릿과 원대한 목표를 포기하지 않겠다는 의지가 없었다면 그가 시도한 최대의 쿠데타를 성공시키지 못했을 것이다. 맥도날드는 미국에서 사육되는 돼지 일곱 마리 중 한 마리를 소비한다. 몸을 돌릴 수도 없을 만큼 좁은 공간에 몇 년씩 갇혀 지내는 돼지들은 불안감에 휩싸여 주둥이와 이마가 피범벅이 될 때까지 머리를 바닥에 찧어댄다. 파셀은 비인도적인 대규모 사육환경을 개선하기 위해 맥도날드에 수차례 연락했지만, 아무도 그를 만나주지 않았다.

그러던 어느 날, 억만장자 칼 아이칸에게 자신이 도와줄 일이 없는지 묻는 전화를 받았다. 파셀은 돼지 사육환경 문제에 대해 설명했

웨인 파셀의 TEDx 강연 모습 ㅣ 출처_ TEDx Manhattan

고, 아이칸은 곧바로 행동에 나섰다. 아이칸은 맥도날드뿐만 아니라 다른 패스트푸드업체 CEO들에게 연락해 파셀이 설득할 수 있는 자리를 마련해줬다.

맥도날드는 좁은 공간에 가둬 사육하는 돼지를 사들이지 않는 데 동의했고, 버거킹, 웬디스 등 60개 식품업체도 이에 동참하기로 했다. 변화는 지금도 이어지고 있다. 세계 최대 식품판매기업인 월마트도 납품업체들에게 인도주의 정책을 채택하라는 지침을 내린 것이 대표적이다.

열정을 느낄 수 없다면 어떻게 해야 하는가?

삶 자체에 지쳐 어떤 일에도 열정을 느끼지 못하는 사람들도 있다. 일을 하고, 자녀를 키우고, 실망스러운 일들을 겪는 동안 자신의 열정을 불러일으키는 것이 무엇인지 잊어버렸기 때문이다. 특히 열정보다는 안정에 중점을 두고 일찌감치 직장을 선택한 사람들은 빠르게 열정을 잃어갔다.

안젤리크가 그랬다. 남들보다 빨리 안정적인 회계사를 선택했던 그녀는 잘못된 길에 들어섰다는 것을 뒤늦게 깨달았고, 더 늦기 전에 방향을 바꾸고 싶었다. 안젤리크의 어머니는 딸에게 항상 이렇게 말했다고 한다. "직업을 놓고 모험을 하거나 열정만 좇는다면 충분한 수입을 얻을 수 없단다. 네 장래가 보잘 것 없어지는 거야." 불현듯 안젤리크는 자신이 아니라 어머니가 원했던 최고의 삶을 살고 있다고 느꼈고, 어떤 삶이 자신에게 최상의 삶인지 알아내고 싶었다.

어릴 때 무엇을 하며 놀았냐고 물었을 때, 안젤리크는 동물 인형과 반려동물을 돌보고 동물병원 놀이를 했다고 대답했다. 고등학교에 다니는 동안에는 지역 소방대 응급구조원으로 자원봉사를 했는데, 대학 입시 준비 때문에 그만뒀다고 했다.

그녀는 안정적인 미래를 설계하기 위해 회계학 전공을 선택했고, 근면성과 뛰어난 학점 덕분에 미국에서 가장 유명한 회계법인 중 한 곳에 취직했다. 회계사 시험도 한 번에 합격했다. 하지만 출근하기 위해 아침에 일어날 때마다 무대의상을 입고 연극을 하러 가는 기분이었다고 한다. 조화로운 열정은 고사하고 강박적 열정조차도 느끼지 못했다. 아무런 열정이 없다는 사실에 두려움이 밀려왔다.

그녀는 다른 사람을 돌볼 때 기쁨을 느낀다고 말했다. 나는 질문을 하나 던졌다. "당신은 자기관리 능력과 끈기가 강하고, 아마 그래서 본인에게 맞는 일이든 아니든 상관없이 시작한 일은 끝내왔을 거예요. 하지만 다른 힘든 일, 그러니까 사람을 돌보는 일을 끝까지 추구하는 데 그런 장점을 발휘했다면 어땠을까요?" 나는 그녀의 반응을 살폈다.

그녀는 잠시 침묵했다. 자신의 감정과 마주하기 두려웠기 때문이다. 침묵은 감정을 밀어내는 데 길들여진 사람들이 중요한 문제에 대해 직접적인 질문을 받았을 때 보이는 대표적 특징이다. 억눌러왔던 열정과 연결된 아픈 곳을 건드리면 사람들은 한 방 맞은 듯이 멍해진다.

"간호대학에 진학했어야 했다는 말인가요?" 그녀가 나직이 물었다. "의과대학을 가도 되죠. 당신은 젊어요. 못 할 게 뭐가 있나요?" 내가 받아치자 그 순간부터 그녀가 억눌러왔던 것들이 드러나기 시작했다. 아무런 열정이 없었던 안젤리크는 간호대학에 가겠다는 꿈에 부풀었다.

동거 중이던 남자친구에게도 자신의 꿈을 추구하겠다고 이야기했다. 이사가 잦았던 남자친구는 처음에는 실망했고, 관계가 흔들리기도 했다. 하지만 보스턴에 위치한 간호대학에 합격한 그녀를 따르기로 결정했다. 마지막으로 들은 소식에 의하면 두 사람은 결혼을 했고, 병원에 취업한 안젤리크도 더없이 만족스러운 나날을 보내고 있다고 한다. 국경없는간호사회 봉사활동도 틈틈이 하고 있다고 전했다.

삶의 즐거움이 사라졌다고 느껴진대도, 열정은 여전히 내면에 묻혀 있다. 안젤리크의 이야기는 작은 격려로 그 열정을 되살릴 수 있다는 것을 보여준다. 그녀는 열정의 재발견을 통해 자신이 이룰 수 있는 최상의 모습을 그려보게 되었고, 인생을 뒤엎을 수 있는 결정을 전적으로 지지해주는 친구와 가족이 누구인지도 따져볼 수 있게 되었다. 또한 모험과 투지가 필요한 목표를 세울 때 신중하게 접근할 수 있었다.

그녀가 세운 목표는 쉽지 않았다. 하지만 목표를 달성하기 위해 최선의 노력을 해보지 않은 채 가정을 꾸리고 정착한다면 반드시 후회할 것이라 직감했다. 결과적으로 그녀는 남자친구와의 관계를 변화시켰고, 새롭게 발견한 기쁨과 자신감, 세상에 가치 있는 뭔가를 더해주고 있다는 느낌까지 얻을 수 있었다.

그녀는 지금, 목적이 있는 더 나은 삶을 살고 있다. 안젤리크의 이야기는 꿈이 드러나 있지 않더라도 꿈을 좇을 때 어떤 힘이 생기는지 명확하게 보여준다.

연습 1 당신 자신에게 질문해보라

안젤리크의 인생을 다시 시작하게 만든 것은 어려서 좋아했던 일을 묻는 질문이었다. 만약 인생에서 열정과 목적을 어떻게 찾아야 할지 모르겠다면 다음의 질문을 스스로에게 해보라.

시간을 두고 충분히 생각하라. 답변을 적은 후 당신을 지지하며 브레인스토밍을 도와줄 수 있는 가족과 친구들과도 이야기를 나눠보라.

- 활기를 불어넣어주는 활동이나 사람, 장소는 무엇인가?
- 무엇을 할 때 당신의 대표 강점이 발휘되어 스스로 행복해지거나 남들의 행복에 보탬이 되는가?
- 여가시간을 어떻게 쓰고 싶은가?
- 자신을 위해 완벽한 하루를 설계할 수 있다면 누구와 무엇을 하며 시간을 보내겠는가?
- 어떤 목적의 자원봉사활동이 당신에게 가장 중요한가? 그 목적의 어떤 점이 당신에게 중요한가?
- 슈퍼히어로가 될 수 있다면 어떤 초능력을 갖고 싶으며, 이를 어떻게 사용하여 당신의 인생과 세상을 개선하겠는가?
- 실패할 리 없다면 무엇을 하거나 더 하겠는가? 이유가 무엇인가?
- 당신은 컴퓨터로 무엇을 조사하고 싶은가?
- 사람들이 당신의 어떤 점을 칭찬하는가?
- 언제 즐거운가?

연습 2　최상의 나는 어떤 사람인가?

성격 강점 검사 공동개발자인 크리스토퍼 피터슨의 연구에 의하면 허구의 인물이나 실제 인물을 생각해보는 것도 자신의 성격 강점을 밝히는 데 도움이 된다. 역사, 연극, 영화, 문학, 만화 그 밖의 어디에서든 상관없다. 그가 제안한 대로 생각나는 인물들을 적고, 그들에게서 연상되는 성격 강점을 써보라.

예를 들어 동화 속 주인공 메리 포핀스를 떠올렸다면 그녀의 '독창성'과 '열의'에 주목해보는 식이다. 만약 역사적 인물인 간디를 떠올렸다면 그의 '인내심'과 '겸손'에 주목할 수 있겠다. 다양한 인물들과 그들의 특성을 떠올려본 후 그 성격 강점을 당신은 어떻게 발휘했는지, 그 강점들이 당신에게서 최상의 모습을 이끌어낸 적이 있는지 적어보라.

09장

성장을 향한 첫걸음

어떻게 행복할 것인가?

2005년 가을, 나는 펜실베이니아대학교에서 행복하고 성공적인 인생을 살기 위한 조건이 정확히 무엇인지 이해하게 해줄 논문을 찾고 있었다. 그러다 특이한 논문을 발견했고, 그 논문은 나의 생각을 완전히 뒤집어놓았다.

나를 완전히 다른 세계로 이끈 논문은 긍정심리학 최고 전문가들인 에드 디너, 로라 킹, 소냐 류보머스키가 쓴 〈빈번한 긍정적 정서의 효과〉였다. 세 연구자들은 인생의 성공을 다룬 수백 편의 연구와 논문을 분석하고 비평하며, 나를 비롯해 많은 사람이 갖고 있던 잘못된 믿음과 정확히 상반되는 결론을 내렸다. "우리는 성공한 후에 행복해지는 것이 아니라 먼저 행복해야 성공한다." 심오하고 강력한 메시지였다.

우정, 건강, 재정, 직업 등 여러 측면의 성공을 다룬 각종 연구들을 포괄적으로 개관한 그들의 논문을 읽고 나서야 왜 학점이나 장학금, 체중 같은 외적 목표를 달성했을 때 느꼈던 행복이 오래가지 않았는지, 심지어 전보다 공허한 느낌이 들었는지 이해가 됐다. 만약 폭식증을 앓고 있을 때 이런 연구결과를 알았더라면 어쩌면 식습관과 건강에 대한 자세가 달라졌을 수도 있겠다. 그러면 내 몸을 그렇게 망가뜨리지도 않았을 것이다.

정서적 행복은 삶을 향상시키는 힘이 있다. 성공을 향한 첫걸음은 목표를 설정하고 추구하는 것이 아니라 자신의 행복을 돌보는 것이다. 먼저 행복한 자신을 만든 다음 시작한다면 목표, 특히 그릿을 요구하는 힘든 목표를 달성할 가능성은 크게 높아진다. 어떤 종류의 목표를 설정하든 근본적인 사실에 주목해야 한다.

PERMA

마틴 셀리그만은 행복의 구성요소로 즐거움을 느끼고, 삶에 몰입하고, 의미 있는 인생을 영위하는 것을 꼽았다. 셀리그만은 충만한 삶을 사는 사람은 특별한 행동과 성격 강점을 갖고 있다는 사실을 발견했고, 그 특성을 긍정적 정서Positive emotion, 몰입Engagement, 관계Relationship, 의미Meaning, 성취Achievement 다섯 가지 요소로 분석한 이론을 발표했다. 각 요소의 앞글자를 따 PERMA 이론으로 부르는 그의 이론은 '잘 사는 삶_the well-lived life'에 대한 연구로 이어지고 있다.

행복을 최대 수준으로 끌어올리기 위해서는 PERMA를 나타나게 하는 방법, 목표를 추구하고 열정, 그릿에 최적인 조건을 만들기 위해 무엇을 할 수 있는지 알아야 한다.

긍정적 정서 ___ 노스케롤라이나대학교 심리학과 바바라 프레드릭슨 교수는 '긍정적 정서란 무엇인가?'라는 단순한 질문에서 출발한 확장과 구축 이론을 정립해 긍정심리학 분야의 권위자로 떠올랐다. 그녀의 이론에 따르면 기쁨, 만족, 경외감, 긍지, 사랑 등의 긍정적인 정서를 경험할 때 인류의 존속에 유리한 일들이 일어난다고 밝혔다. 또한 환경에 대한 인식을 넓힐 때 다른 사람에 대한 호기심이 커지고, 결국 관계를 맺게 된다는 사실도 밝혀냈다.

마침맞은 주차 공간을 발견했을 때 느끼는 기쁨, 황홀한 경험에서 오는 경외감, 자녀가 처음으로 어떤 일을 해냈을 때의 벅차오름, 최고의 노력을 통해 의미 있는 결과를 얻었을 때 느끼는 충만함과 같은 찰나의 행복이 모여 일종의 긍정 '쿠션'이 만들어진다. 프레드릭슨 연구팀은 부정적 정서 하나당 긍정적 정서 다섯 개를 경험한다면 목적의식을 갖고 주도적이고 열정적으로 삶을 대하고 성장할 가능성이 높다고 결론 내렸다.

방법은 두 가지다. 자신의 행동이나 생각을 통해 긍정적 정서와 찰나의 행복감을 의도적으로 만들어낼 수도 있고, 주변을 둘러보고 좋은 일이 일어날 때 알아차릴 수도 있다. 불행한 사람도 행복한 사람과 마찬가지로 긍정적인 일들이 주변에서 일어나지만, 행복한 사람은 좋은 일이 일어나는 순간을 그냥 흘려보내지 않고 일부러 축하한다는 차이가 있다. 불행한 사람은 누군가 자신을 위해 문을 열고 있어도 눈치 채지 못한다고들 한다. 주변에서 좋은 일이 일어나는 순간 축하할 기회를 절대 놓치지 말기 바란다.

몰입 행복한 사람은 삶에 몰두하고, 불행한 사람들만큼 빈번하게 지루함이나 우울함을 경험하지 않는다. 행복한 사람은 도전적이고 흥미로운 일을 하느라 몰입 상태에 빠져 시간 가는 줄도 모른다. 주변에서 무슨 일이 일어나도 알아채지 못하고, 하루가 어떻게 지났는지도 모를 만큼 무엇인가에 집중했다면 우리는 존재와 삶을 향상시키는 데 긍정적인 영향을 미치고 있는 것이다.

우리가 몰입을 가장 빈번하게 경험해야 하는 곳은 직장이어야 한다. 우리가 가장 많은 시간을 보내는 곳이기 때문이다. 만약 직장에서 집중하지 못한다면 그것처럼 맥 빠지는 일도 없다. 하지만 대부분의 근로자들이 직장에서 집중하지 못한다. 낮은 생산성과 높은 이직률은 충분히 예상할 수 있는 문제다. 이 문제에 대처하기 위해 컨설턴트를 고용하는 조직도 많다.

우리가 일과 삶에서 대표 강점을 더욱 직접적으로 발휘한다면 보다 집중하게 될 것이다. 또한 우리의 목적과 우리가 하는 일을 일치시킬 때 보다 집중할 수 있다.

관계 행복에 관한 연구에서 나온 중요한 결과 중 하나는 깊이 있는 관계를 맺지 않는 사람은 행복한 삶을 산다고 볼 수 없다는 사실이다. 수십 년 동안 하버드대학교에서 성인 발달 연구를 감독해온 조지 베일 런트 의학박사는 가족과 친구들과 긍정적인 관계를 맺고 유지해온 사람 들이 노년에 정서적으로 건강하다는 사실을 발견했다. 베일런트는 "행 복은 사랑이다. 그게 전부다"라고 결론을 내리기에 이른다.

크리스토퍼 피터슨의 행복에 관한 연구결과는 '타인이 중요하다'는 한 문장으로 요약될 수 있다. 투지 넘치는 사람들이 열정과 끈기를 유 지할 수 있는 것은 대개 주변에 팀을 만들고 이를 유지하면서 지원을 받을 뿐 아니라 스스로도 팀을 지원을 하기 때문이다. 행복하고 투지 넘치는 자신을 바란다면 PERMA의 관계요소를 아무리 강조해도 지나 치지 않다.

의미 ___ 행복한 사람은 단순히 즐거운 삶 또는 몰입하는 삶을 살지 않는다. 행복한 사람은 자신의 인생에 의미가 있으며, 더 나은 세상을 만든다는 숭고한 목적을 위해 존재한다고 생각한다. 그 의미는 다정한 부모 되기, 다른 사람을 위해 장벽 부수기, 필요한 사람을 위해 기술 활용하기, 다른 사람들에게 희망 안겨주기 등 여러 가지가 될 수 있다.

의미 있는 삶은 열정과 목적으로 채워져 있으므로 강력한 투지로 가 치 있는 목표를 추구하는 것은 인생에서 행복을 꽃피우는 데 중요한 일부분이다.

성취 ___ 어떤 사람들은 성취가 행복한 삶의 요소라는 생각에 불편을 느끼지만, 그런 불편은 대개 성취에 대한 오해 때문이다. PERMA 이론에서 말하는 성취는 승리나 1등이 아니라 의미 있고 목적이 뚜렷한 목표들의 달성을 뜻한다.

사람들은 아무 일도 하지 않기보다는 무언가를 하려 한다는 연구결과가 있다. 자기결정 이론에서는 사람이 계속 발전하려면 자신의 환경을 통제하고 있다는 느낌이 필요하다고 주장한다. 하지만 모든 성취가 행복을 가져다주지는 않는다. 돈이나 명성 같은 피상적인 욕구 또는 다른 사람의 꿈이 반영된 외적 목표의 추구는 만족스러운 성취감이나 행복을 안겨주지 않는다.

익숙하고 편안한 영역 밖에 있는 어렵고 명확한 목표를 날마다 추구하는 사람이 가장 행복하다는 사실도 연구결과 밝혀졌다. 이 목표들은 최상의 결과를 가져올 뿐 아니라 자존감과 자기효능감의 수준을 최대로 올려준다.

행복이 그릿의 향상에 미치는 영향들

정서적 행복은 여러 방식으로 그릿 역량을 증진하는데, 신체적 고통을 더 잘 견디도록 만들기도 한다. 그래서 포로를 무너뜨리고 고문의 효과를 높이기 위해 친밀한 관계의 중요성을 역이용하기도 한다. 그를 걱정하는 사람도, 그를 구하러 올 사람도 아무도 없다고 말하는 것이다. 그 말을 듣고 버려졌다는 느낌에 빠지면 신체적 고문이 훨씬 고통스럽게 느껴진다.

반면 긍정적 감정은 고문을 견뎌내게 한다. 우리의 목적과 관련해 이야기하자면, 당신의 웰빙을 증진시킬수록 그릿을 발휘해야 할 때 발생하는 신체적, 정서적 난관을 보다 쉽게 극복할 수 있다.

불안과 우울감이 미루는 습관을 심화시킬 수 있다는 최근 연구결과도 있다. 불행감이 사고를 지배하면 포기하는 게 쉬워지기 때문이다. 이에 대처하는 가장 좋은 방법은 '시간 여행'이다. 오로지 당신 앞에 놓인 일에만 집중하지 말고 중요한 목표를 달성한 뒤를 상상해보는 것이다. 목표달성을 상상하는 동안 생긴 긍정적 정서로 인해 기분이 좋아져서 어려운 일을 시작하거나 고수할 수 있다고 한다.

현명한 중재 기법

최근 주목받고 있는 긍정심리학의 주제는 '긍정심리 중재'다. 개인의 정서적 행복을 높이는 행동들을 규명하려는 움직임은 지난 10년 동안 꾸준히 나타났다. 당사자의 성격 강점, 재능, 관심사에 맞춘 행동 중재의 필요성이 부각되면서 긍정심리 중재는 '현명한 중재'로 흔히 지칭된다.

예를 들어 열의와 용기가 강점인 사람은 신체활동이나 새로운 대상에 항상 호의적으로 반응한다. 반면 자기조절과 비판적 사고가 강점인 사람은 명상 같은 행동 중재가 더 효과적이다.

다음에 열거한 현명한 중재 분야는 연구를 통해 효과가 확실히 입증됐으며 삶에 대한 만족감, 미래에 대한 희망적인 전망을 높이고 싶은 사람은 반드시 고려해야 할 것들이다.

특정 중재 기법에 대한 첫 반응은 그 행동이 장기적으로도 꾸준히 효과가 있을지 예측해준다고 밝혀졌다. 이 기법들을 훑어보는 동안 경험한 감정에 주목하고 생활 속에 편입시킴으로써 긍정적 정서가 당신의 그릿을 증진시킬 수 있기를 바란다.

성격 강점의 활용 ___ 성격 강점 검사를 통해 자신의 성격 강점을 확인하는 것이 행복을 향상시키는 첫걸음이다. 성격 강점을 확인했다면 목표를 달성하고 다른 사람과 상호작용하는 데 성격 강점을 활용해야 한다.

이 전략을 효과적으로 결합한다면 더욱 강력한 에너지와 행복이 샘솟는 것을 느낄 수 있다. 성격 강점에 대한 교육과 격렬한 신체활동을 함께했을 때 자기인식이 크게 향상되었을 뿐 아니라 타인의 성격 강점에 대한 인식도 향상된다는 연구결과도 있다. 성격 강점에 기초한 중재 기법은 삶의 만족감 역시 높여준다.

감사 ___ 행복을 증진한다고 증명된 또 다른 확실한 방법은 감사를 표현하는 것이다. 감사는 정서적 행복과 관련된 성격 강점들 중 하나로, 그 중요성은 긍정심리학 분야에서 가장 널리 알려진 주제다. 감사 일기가 판매되지 않는 곳이 없다는 것이 그 증거다.

무엇에 감사하는지 기록하는 것도 유용한 방법이지만, 약간의 차이로 더 큰 효과를 볼 수 있는 방법이 있다. 매일 감사한 일들을 열거하면서 왜 그 일이 당신 인생에서 일어났는지 기록하는 것이다. 감사에 자신의 주도적 행동을 연결시키는 동안 생활 속에서 행복을 느끼는 긍정적인 찰나들을 더 자주 만들 방법을 알 수 있기 때문이다.

감사를 실천하는 또 다른 대중적인 방법으로 '감사 방문'이 있다. 이는 제대로 감사 인사를 한 적이 없는 사람에게 감사의 편지를 쓴 다음 직접 방문하는 방법이다. 감사를 주제로 한 많은 연구에서 과거의 난관을 돌이켜 생각해보고 감사한 마음으로 재구성하는 것은 행복의 증가, 우울의 감소, 힘든 경험의 정리에 대단히 큰 효과가 있다고 확인됐다.

글쓰기 ___ 자신의 생각과 느낌을 글로 써보는 중재 기법을 연구해온 제임스 페니베이커는 일기 쓰기나 제시어에 맞는 글쓰기 등이 그릿 향상에 긍정적인 효과가 있다는 사실을 확인했다. 글쓰기는 행복감을 증진시킬 뿐만 아니라 면역 체계를 향상시키며, 인생의 의미를 찾아주는 것 외에도 다수의 유익한 결과를 가져왔다.

그녀는 최근의 연구에서 블로그를 운영하는 것도 마찬가지의 효과가 있다고 밝혔다. 사람들에게서 받는 피드백이 인정받는 경험이 되기 때문이라는 분석이다.

새롭고 긍정적인 이야기를 타인과 공유하는 법을 배워야 한다. 이는 일기처럼 매번 자신만 읽을 수 있는 한정적인 주제의 이야기를 쓰는 것보다 효과적이다. 또한 키보드로 글을 입력하는 것보다 수기로 직접 글을 써보는 것이 뇌의 특정 영역을 발달시켜 더 효과가 크다는 연구도 있다. 긍정적인 글쓰기를 한 집단이 통제 집단에 비해 행복감이 증가하고 심지어 질병발생률도 감소한다는 흥미로운 주장도 있다.

영성 ___ 다양한 연구들을 통해 편협한 종교적 관례와 결부된 믿음이 아니라면 영성이 삶에 긍정성을 더할 수 있다고 밝혀졌다. 자신의 신앙이 유일하게 '옳은' 방식이라는 믿음은 스트레스와 부정적 감정의 증가로 이어지지만, 다른 종교의 교리를 판단하지 않고 자신의 신앙을 긍정적인 대응수단으로 사용하는 것은 행복감의 증가로 연결된다.

코칭 ___ 코칭 전문가와 과학적으로 증명된 변화수단을 활용하는 것 또한 행복감을 증진한다. 목표달성을 위한 해법을 중심으로 개인과 집단 코칭을 3~20회 실시했을 때 의뢰인의 희망, 강인함, 행복감이 증가하고 우울감이 감소한다는 연구결과도 있다. 개인적인 변화와 리더십 함양에 초점을 둔 경영자 코칭 또한 목표달성과 회복탄력성뿐만 아니라 업무 환경을 개선했고 직장 내 따돌림과 스트레스를 감소시켰다.

대부분의 코칭 중재 기법은 고등학생부터 중역에 이르기까지 다양한 집단에서 성취감과 행복감을 증가시키고 부정적 요인을 감소시키는 데 기여하는 것으로 나타났다.

희망 ___ 희망은 정서적 행복과 회복탄력성, 목표달성을 위한 노력을 보여주는 핵심 지표다. 희망이 없는 사람은 대체로 목표가 없으며, 상태를 개선하기 위한 노력을 중단하기 쉽다. 반면 희망을 가진 사람, 즉 낙관주의자는 자신의 인생과 세상을 자신이 성공하고 행복할 수 있는 곳으로 본다.

희망이 커지면 생각이 변하고, 목표를 달성하는 더 많은 길을 볼 수 있게 되며, 그 해법들을 실천할 수 있다고 믿게 된다. 원대한 희망을 품은 사람이 더 오랫동안 끈질기게 목표를 추구하고, 더 좋은 성과를 내며, 스트레스로부터 회복력이 좋은 경향을 보인다.

운동 ___ 운동은 가장 자연스럽게 행복감을 증진하는 방법 중 하나다. 운동의 장점을 모르는 사람은 없다. 하지만 대부분의 사람들은 여전히 운동을 하지 않는다. 우리 아이들은 하루에 8시간을 TV나 스마트폰을 들여다보며 흘려보내고 있다. 아이들이 실외에서 보내는 시간은 이전 세대의 아이들에 비해 절반밖에 되지 않는다.

운동 예찬론자뿐만 아니라 최근의 긍정심리학 연구자들의 목표는 이제 청소년과 성인들이 운동을 하게 만드는 것이다. 운동이 뇌에 큰 영향을 미쳐 불안과 우울, 무력감을 감소시키며, 에너지와 자기효능감, 행복감을 증진시키기 때문이다.

인터벌 트레이닝의 효과를 증명한 한 연구를 보자. 맥박수를 최대로 끌어올리는 운동을 짧게 한 후 강도가 덜한 운동을 하는 인터벌 트레이닝은 신속하고 효과적으로 체력을 향상시켜줄 뿐만 아니라 기분 좋은 상태를 좀 더 오래 지속시킨다.

야외에서의 운동이 20분 이내에 신체 활력 수준을 높이고 걱정과 우울감을 낮춘다는 연구결과도 있다. (특히 하이킹은 집중력과 창의력, 기억력, 자신감을 강화한다고 한다.) 유산소 운동과 명상을 결합하면 새로운 뇌세포를 생성하는 해마의 생산성이 크게 증가하며, 집중력과 주의력이 향상된다. 또한 우울증과 연관이 있는 반추 성향을 감소시킨다.

이타주의 ___ '헬퍼스 하이helper's high'라는 말이 있다. 남을 도울 때 느끼는 쾌감을 뜻하는데, 달리기의 쾌감을 뜻하는 '러너스 하이runner's high'에서 유래됐다. 많은 연구에서 우리가 남을 돕기로 했을 때, 사실 도움을 받는 사람보다 우리가 더 많은 것을 얻는다고 밝혀졌다. 시간이나 돈, 에너지를 남에게 주는 행위는 자신의 걱정거리에서 주의를 분산시키고 현재의 고난을 넓은 시야에서 볼 수 있게 한다.

특히 우리보다 불운한 사람을 도울 때 그 효과는 더 커진다. 《기브 앤 테이크》의 저자 애덤 그랜트가 하버드대학교 심리학과 학부생 시절에 진행한 놀라운 연구를 보자. 그랜트는 기금 조성과 관련된 연구에서 기금 모금자에게 동일한 통화 대본을 주고 통화시간을 측정했다. 장학금 수혜자에게 감사 인사를 들었을 때 모금자들의 통화시간이 142퍼센트 길어졌고, 모금액은 171퍼센트가 늘었다.

우리는 베풀 때 의욕과 열정이 강해지고 몰두한다. 이타적 행동은 선순환을 불러올 가능성도 있다. 미국 내에서 주관적 행복감이 높은 주에서 모르는 사람에게 신장을 기증하는 비율이 더 높다. 결국 더 이타적일수록 더 큰 행복감을 가져온다.

명상 ___ 나는 명상이 긍정심리 중재의 특효약이라는 말을 자주 한다. 명상이 뇌의 회로를 긍정적으로 바꾸는 효과가 있을 뿐 아니라 그밖에도 많은 긍정적 효과를 보였다는 연구들이 대단히 많기 때문이다.

자애 명상(긍정적 감정을 본인과 사랑하는 사람, 다른 모든 사람에게 보내는 명상)은 단순한 마음챙김 명상보다 긍정적 감정을 형성하고, 사람들과의 관계를 개선하며, 우울의 경험을 줄여주는 효과가 더 오래 지속된다.

명상은 자기조절과 황홀감과 연관된 뇌 영역에 변화를 일으키며, 그 변화는 매일 짧은 명상을 한 지 불과 몇 주 후부터 나타났다는 연구도 있다. 2011년에 발표된 한 연구에 의하면 8주 동안 명상을 한 사람들은 통증을 차단하는 '뇌의 리듬' 조절 능력이 향상됐다고 한다.

당신이 포기하고 싶을 만큼 힘든 난관에 봉착했을 때도 그릿을 유지하는 법을 배우고 싶다면 명상이 훌륭한 중재 기법이 될 것이다. 요즘에는 앱과 웹사이트를 통해 다양한 명상 기법을 배울 수 있고, 자신의 배움과 경험을 공유하는 명상 수련원과 강좌도 늘어나고 있는 추세니 주변을 둘러보기 바란다.

지난 10년간 행복감을 증진시키기 위한 방법을 찾는 연구가 급격하게 늘었다. 이 연구들은 행복감의 증진이 성공과 생산성으로 바로 이어진다는 점을 강조하고 있다. 그릿을 향상시키고 싶다면 주관적 행복감이 끈기와 열의, 정신적 강인함을 가져오는 행동과 어떤 직접적인 연관성이 있는지 이해해야만 한다.

연습 1 행복을 증진시키는 방법들

이 장에서 설명한 현명한 중재 기법과 더불어 다음의 몇 가지 제안을 살펴보고, 당신의 행복감을 증강시키는 다른 방법들을 찾아보자.

과일과 채소를 더 많이 먹는다. ──

과일과 채소를 많이 먹으면 건강뿐 아니라 행복감도 증진되는 것으로 밝혀졌다. 연구자들은 과일과 채소의 섭취량 증가가 높은 삶의 만족도와 행복감을 예측해준다는 것을 발견했다. 이는 실업 상태에서 취업 상태로 바뀌는 만큼의 긍정적 효과가 있다고 한다. 대단하지 않은가?

선행을 하는 사람들과 시간을 보낸다. ──

예컨대 자원봉사를 하라. 대학 교수이자 심리학자인 조너선 하이트는 우리가 경외감을 불러일으키는 행동 앞에서 고상해진다고 한다. 이때 우리는 찌릿하고 따뜻한 느낌을 받으며, 우리 스스로도 친사회적 행동을 하게 될 가능성이 높다. 그야말로 '윈윈' 상황이 아닌가!

매주 누군가에게 감사 쪽지를 쓴다. ──

목요일쯤을 '감사의 날'로 만든다. 감사 표현은 행복감에 엄청난 영향을 미치며, 이것이 습관이 되면 자연히 당신의 영혼이 정기적으로 고양될 것이다.

당신의 사기와 기운을 북돋아주고 긍정적 감정으로 채워주는 사람과 즐길 수 있는 활동을 계획하고 일정에 넣는다. ——

행복한 사람들은 긴장을 풀고, 웃고, 회상에 잠기고, 즐겁게 보낼 수 있는 행사를 고대하는 경우가 많다. 그러므로 기분을 좋게 만든다고 검증된 이런 행사들을 미리 계획하라.

연습 2 내가 후회하게 될 일은 무엇인가?

후회에 관한 연구들을 살펴보면, 우리가 나이를 먹을수록 가지 않은 길과 하지 못한 모험에 대한 후회가 쌓여 유해하고 파괴적인 사고방식으로 굳어진다고 한다. 이러한 사고방식 때문에 인생에 대한 열의와 희망이 사라진 사람들은 새로운 목표를 설정하지 않는다.

죽음을 앞둔 환자들이 가장 후회하는 일은 무엇일까? 호스피스 시설 환자들을 곁에서 지켜본 브로니 웨어는《내가 원하는 삶을 살았더라면》에서 이렇게 답했다. "그들은 자신이 원하는 인생을 살지 않고 다른 사람을 만족시키기 위한 인생, 즉 평범하고 안전한 길을 선택한 것을 가장 후회한다."

우리 인생에서도 이런 일은 얼마든지 발생한다. 이를 방지하기 위해서는 지금 하지 않으면 후회하게 될 일이 무엇인지 항상 확인해야 한다. 지금 해야만 하는 일을 확인했다면 어떻게 해야 후회를 남기지 않을 수 있는지 숙고한 후 기술해보자. '할 수 있었는데', '할 걸 그랬어', '했어야 했는데'라고 중얼거리며 인생을 끝내지 않기 위해 구체적으로 무엇을 해야 하는지 써보는 것이다.

10장

목표의 높이

자기효능감을 높이는 4가지 방법

몇 년 전 〈타임〉에서 구글X를 1면 기사로 다룬 적이 있다. 구글X는 가장 독창적이며 뛰어난 로봇공학자와 천재 전기공학자들로 구성된 비밀 연구조직으로 연구소 위치도 알려져 있지 않다.

그들의 임무는 무엇이었을까? 달로 가는 계단, 음식을 올려놓으면 칼로리가 계산되는 접시, 저절로 달리는 자동차처럼 불가능해 보이는 목표를 가능하게 만드는 것이다.

너그럽게 봐줘도 거의 불가능하다고 할 수 있던 수십 가지 아이디어가 그들의 목표였다. 구글X가 활동을 개시하고 7년이 지난 지금, 목표의 다수가 실현됐다.

진정한 그릿의 소유자들은 힘든(일부는 비현실적이라고 할 수도 있는) 목표를 세운다. 쉬운 목표라면 그릿이 요구되지도 않을 것이다. 그릿이 있는 사람들이 원하는 대상은 손쉽게 딸 수 있는 낮은 가지에 달린 과실이 아니다. 그들은 오랜 기간 끈질기게 노력해야 손에 넣을 수 있는 힘겨운 목표를 추구하고, 결국 그 목표를 달성함으로써 다른 이들에게 익숙한 안전지대에서 벗어나도록 자극을 준다.

여기서 지적하고 넘어가야 할 것이 있다. 한 사람에게 어려운 목표라고 해서 모든 사람에게 어렵지는 않다는 점이다. 당신만의 대담한 목표를 설정하고 추구할 때, 문제가 되는 환경을 극복하기 위해 스스로를 독려해야 한다는 의미다. 대학에 가겠다는 노동자 계급 이민자의 목표가 돈과 학문적 자원을 갖고 태어난 사람에게는 어렵지 않을 것이다. 진로를 수정했다 설사 실패한다 해도 지원 체계와 안전망이 있는 사람에게도 똑같은 도전적인 과제는 아닐 것이다.

왜 목표가 중요한가?

진정한 그릿의 소유자에게는 열정과 에너지를 쏟아 부을 목표가 있어야만 한다. 목표가 없다면 자기 인생을 밝히고 남들에게 영감을 주는 데 쏟아야 할 에너지를 주체하지 못해서 그저 지나치게 감정적인 사람이 될 위험이 있다.

목표가 진정한 그릿의 소유자뿐 아니라 모든 사람에게 큰 도움이 된다는 중요한 연구결과를 언급하고 넘어갈 필요가 있다. 마틴 셀리그만이 PERMA 이론에서 성취 항목을 넣은 이유와 비슷하다. 《플로리시》에서 마틴 셀리그만은 성취가 행복한 삶의 중요한 일부라고 설명한다. 성취 없이는 환경이나 인생을 지배하고 있다고 느낄 수 없기 때문이다. 또한 뛰어난 업적을 달성하는 사람은 상을 타거나 유명해지기 위해서가 아니라 뛰어난 업적이 자신을 규정해주는 일부이며 인생의 의미를 부여해주기 때문에 그 일을 해낸다고 결론 내렸다.

목표에 관한 연구들에 의하면 목표는 최소 네 가지 중대한 기능을 한다.

- **목표는 인지적·행동적으로 중요한 일에 집중하게 해준다.** 목표가 없다면 아무 데서나 쉴 새 없이 자극을 받게 되고, 정리 또한 되지 않아 의미 있는 일을 할 기회가 줄어든다. "피드백이 없는 목표와 목표 없는 피드백 둘 다 무의미하다"는 말도 있다. 목표가 없다면 인생의 종착점에서 또는 하루를 끝내면서 우리의 발전과 영향력, 노력을 측정해줄 채점판이 없는 셈이다.

- **목표는 사람을 활기차게 만들며, 어려운 목표는 목표가 없을 때보다 더 활력이 넘치게 해준다.** 이런 활력 덕분에 우리는 어려운 목표를 설정하고 추구할 때 더 큰 행복을 느낀다. 쉽게 얻은 것보다 노력해서 얻은 결실이 소중히 여겨지기 때문이다.

- **목표는 끈기에 영향을 미치며, 힘든 목표는 오랫동안 노력하게 만들기 때문에 끈기에 특히 큰 영향을 미친다.** 힘든 목표가 당연히 더 나은 성과를 가져온다. 이는 할당된 목표든 스스로 설정한 목표든 타인과 함께 설정한 목표든 상관이 없다.

- **목표는 자신의 기술과 수완을 발견하게 해주는 한편 과업과 관련해서 습득해야만 하는 전략과 지식도 의식하게 해준다.** 어려운 하이킹 코스에 도전하기 위해서는 나침반 읽는 법을 배워야 한다. 재무 계획을 세우기 위해서는 기본적인 엑셀 활용 능력이 필요하다. 스쿠버다이빙 자격증을 따기 위해서는 수영하는 법을 알아야 한다. 이처럼 학습이 필요한 목표를 추구할 때 우리는 우리에게 그 도전과제를 감당할 능력이 있는지 바로 분석에 들어간다. 그 과정에서 다른 성공 경험을 발견한다면 자신감이 생길 것이고, 성공 경험이 없더라도 우리가 정확히 무엇을 배워야 할지 알게 된다.

자기효능감 기관차

《넌 할 수 있어, 꼬마 기관차》는 자기효능감이 무엇인지 잘 보여주는 동화다. 이야기 속 꼬마 기관차에게는 목표를 달성할 것이라는 확신이 없다. 하지만 목표를 달성할 방법을 찾아낼 것이라고 믿었고, 노력을 멈춘다는 생각은 전혀 하지 않았다.

스탠퍼드대학교 알버트 반두라 교수는 자기효능감에 대해 '자기 앞에 놓인 목표를 달성하는 데 필요한 능력을 스스로 갖추고 있다는 믿음'이라고 말했다. 그는 사람들이 특정 행동을 하는 이유뿐 아니라 행동을 하는 방식을 이해하게 해줄 인간 동기에 관한 연구를 진행하면서 자기효능감 이론을 발전시켰다.

자기효능감이 그릿을 발달시키는 데는 이유가 있다. 첫째, 자기효능감이 높은 사람은 어려운 목표를 설정할 가능성이 높다. 자기효능감은 정서적 행복감을 느끼는 사람이 보이는 특성이다. 그리고 정서적 행복은 모든 성공에서 반드시 선행되어야 하는 조건이다.

또한 자기효능감이 높은 사람은 자신의 목표에 더욱 전념하며, 시작부터 높은 목표를 설정한다. 뿐만 아니라 그 목표를 달성하고 나면 더 어려운 목표를 설정할 가능성도 높다.

반두라는 자기효능감을 높이는 네 가지 방법을 제시했다.

- **효과적인 스트레스 대처법을 마련한다.** 정기적인 명상 또는 운동 습관, 유머로 분위기를 띄우고 도전과제를 재구성하는 능력, 어려운 시기에 긍정적이고 관대하며 미래지향적인 공동체를 형성해줄 지원자들의 확보 등이 도움이 된다.
- **당신이 달성하고 싶은 목표를 이미 달성한 사람을 롤모델로 둔다.** 또는 당신이 습득하고 싶은 행동을 하는 사람을 롤모델로 삼는다.
- **당신의 능력을 믿어주는 중요한 사람을 만든다.** 그러면 당신이 그 사람을 높이 평가하고 신뢰하기 때문에 당신 자신도 믿게 된다. 정신적 지도자, 조부모, 교사, 코치, 또는 당신을 여러 상황에서 지켜봐왔기 때문에 진정한 당신의 모습을 안다고 생각하는 누구라도 중요한 사람이 될 수 있다.
- **작은 목표들의 달성을 통해서 보다 큰 목표를 위한 기초를 마련한다.** 목표를 세우는 일 자체가 우리의 삶에 강한 힘이 된다.

자기효능감을 높이는 또 다른 방법은 현명한 사람들의 메시지에 귀를 기울이고 분발하는 것이다. 리치 해리스는 중견 IT기업의 CEO로, 자신의 성격 강점을 바탕으로 리더십 기술을 향상시켜 긍정적으로 소통하고 관계를 맺는 법을 알고 싶어 했다.

리치는 오랫동안 성공을 누려왔다. 하지만 그는 모험도 불사했다. 로스쿨을 졸업하고도 자신의 적성과 맞지 않는다는 이유로 결단을 내렸고, 결국 뛰어난 기업가가 되었다. 그의 취미는 산악자전거였는데, 산 속을 누비며 신체와 감정을 단련했다.

리치는 스스로에 대해 영감을 줄 정도로 뛰어난 리더는 아니라고 평가했다. 그를 영입한 회사에서 인정받기 위해서는 직원들에게 다가가고, 즉각적인 행동을 이끌어내야 했다. 무엇보다 직원들의 감정에 호소해야 했다.

리치가 지금 회사에 처음 부임했을 때, 직원들의 상태에 대해 이렇게 분석했다. "회사 사정도 모르는 속 편한 사람들이었어요. 그들은 열심히 일하기는 했지만 힘든 결정을 내릴 필요가 없었습니다. 성공적인 직장생활을 하고 있다는 착각 속에 살았지요."

리치는 자신이 떠맡은 사람들에게 큰 목표를 설정하고 추구하도록 요구해야 했다. 그런 도전이 처음인 직원도 있었다. 직원들에게 더 깊이 파고들고, 모험을 하고, 힘든 일을 해내라고 요구해야 하기 때문에 자신이 그런 리더로 거듭나야 한다고 믿었다.

나와 리치는 직원들에게 전할 메시지를 공들여 만들었다. 그릿에 대한 그의 메시지는 직원들에게 큰 호응을 얻었다. 회사는 주력 사업에 집중했고, 직원들은 기록적인 이윤을 창출했다. 불과 몇 개월 사이에 일어난 일이었다.

오라클과의 합병을 성공적으로 이끈 리치에게 직원들은 이메일과 문자 메시지를 보내왔다. 전 사원이 참석했던 회의는 직장생활의 하이라이트였고, 긍정, 불굴의 의지, 솔직한 심정이 담긴 그의 연설 덕분에 자신과 자신의 강점에 대한 믿음을 새롭게 볼 수 있게 되었으며, 더욱 활기차게, 집중해서, 열정적으로 일할 수 있었다는 감동적인 메시지였다.

리치는 개인적으로 그릿을 가지고 있었지만 자신만 그릿을 발휘하는 데서 그치지 않고 영향력 있는 리더로 변신한 교과서 같은 사례다. 그가 다가간 덕분에 수백 명이 자신감을 높일 수 있었다. 리치는 진정한 변화의 리더이며, 그와 같은 사람과 일하는 사람들은 자기효능감이 높아짐으로써 각자의 독자적인 어려운 목표와 씨름하고 진정한 그릿을 발달시킬 수 있다.

내재적 목표: "활활 타오르는 가마"

투지가 넘치는 사람들은 목표를 달성하기 위해 사나울 정도로 격하게 행동한다. 이는 스스로 목표를 설정하지 않는 사람들과 구분되는 독특한 특징이다.

목표와 정서적 행복을 달성하기 위해서는 "그래서 무엇을 하려고 하는가?"라는 질문에 대답해야 한다. 자신의 강점과 자원, 시간, 긍지를 걸고 그 목표를 추구하려는 이유, 즉 동기를 발견해내는 것이다. 만약 잘못된 이유로 목표를 정했다면 만족스러운 답변을 하기 어렵다.

2016년 리우데자네이루 올림픽 여자 수영 800미터 자유형과 계영에서 2관왕에 오른 케이티 레데키는 목표설정의 달인이다. 그녀가 목표설정의 달인으로 자랄 수 있었던 것은 놀랍도록 담담하게 그녀를 지켜봐주던 부모 덕분이다.

케이티의 부모는 모든 일과 사람에 대해 낙관적으로 이야기했다. 케이티가 위대한 선수로 발돋움하던 2012년 올림픽 선발전을 치르러 떠나기 전날의 일이었다. 동네 마스터스팀 옆 레인에서 케이티 혼자 연습을 하고 코치가 구간별 기록을 재고 있었다. 마스터스팀은 케이티의 수중 스트로크를 구경하려고 흘낏거렸지만, 그녀의 아버지는 수영장 위쪽 관람석에 앉아 한 번도 딸을 쳐다보지 않았다. (그저 신문만 읽었다.) 케이티를 다른 형제보다 딱히 특별히 여기는 것처럼 보이지 않았다.

케이티의 목표는 온전히 그녀 홀로 세운 것이다. 다른 사람이 시켜서 하는 일이었다면 등교 전과 방과 후는 물론이고 주말과 휴일까지 나와서 묵묵히 연습할 수 있을까? 게다가 수영 선수가 되기 위해서는 지속적인 노력이 필요하다. 열정이 없고 내재적 동기가 부족한 선수는 사춘기 전에 이미 걸러진다. 연습에 대한 부담감이 엄청나기 때문이다.

10여 년 전, 케이티의 어머니와 우연히 만났을 때 그녀는 케이티가 어린 아이에게서 예상할 수 있는 목표를 넘어선 것 같다며 내게 조언을 구했다. 그녀는 약간 곤혹스러운 표정이었다. "이게 정상인가요?"

케이티의 성격을 전부 헤아릴 수는 없지만, 근면하고 목표를 대하는 성숙한 자세는 청소년으로서 이례적이기는 하다. 하지만 슈퍼스타가 되기 위한 그녀의 노력이 다른 사람은 따라할 수 없는 비범한 일은 아니다. 그녀의 성공 '비결' 중 하나인 매일 수영장에 나와서 최선을 다해 연습하는 것은 쉬운 일처럼 들리겠지만, 실제로는 쉽지 않은 일이다.

케이티는 어떻게 그렇게 빨리 수영할 수 있는지 묻는 질문에 "어려운 목표를 설정했기 때문"이라고 간단하게 대답했다. 그녀를 특별한 존재로 만드는 특성은 투지 넘치는 사람들에게서도 쉽게 발견할 수 있다. '만족을 모르고 목표의 강도를 높인다.' 역대 어떤 여성도 이르지 못한 수준까지 기록을 끌어올리겠다는 목표는 그녀의 열정을 부채질했다. 코치들도 평소에는 겸손하고 공손한 아가씨가 불가사의하게도 물속에만 들어가면 '격정'에 사로잡혀 '활활 타오르는 가마'처럼 된다며 신기해했다.

목표설정 이론: 학습목표 대 수행목표

1950년대 하버드대학교 졸업생들의 성공요인을 추적한 성인 발달 연구에서 연구진이 주목한 현상은 목표를 글로 쓰면 성공할 확률이 높아진다는 것이었다. 비현실적이거나 투지 넘치는 목표가 아니라 '구체적이고', '측정 가능하며', '행동이 중심이 된', '현실적이고', '기한이 정해진' 목표를 설정해야 한다는 연구도 있다.

심지어 어떤 것을 원하고, 열정을 갖고 생각하고, 그것을 가졌을 때를 상상하면 얻게 된다는 '끌어당김의 법칙'을 주장하는 책도 있었다. "간절히 원하기만 하면 원하는 바를 얻을 수 있다"는 주장은 연구라는 이름을 달고 있지만 수많은 자기계발서에서 마법의 말처럼 수없이 다뤄졌다.

목표를 설정하고 성취하는 이 방법들은 오랜 시간 검증을 거쳐왔다. 게리 레이섬과 에드윈 로크도 구체적이고 도전적인 목표를 수립할 때 항상 최상의 성과를 얻을 수 있다는 사실을 증명했다. 목표설정 이론에서는 목표를 '학습목표'와 '수행목표'로 구분한다. '학습목표'는 목표를 추구해본 경험이 없는 사람이 목표를 달성하기까지 얼마나 걸릴지, 어떤 전략을 써야 성공할 수 있는지조차 전혀 모르는 상태에서 수립한 목표를 가리킨다. 새로운 과제가 생긴 이들에게는 성공하는 데 필요한 기술이 없을 수도 있으므로 "최선을 다하라"고 스스로에게 말하거나 다른 사람으로부터 조언을 듣는 것이 허용된다.

로크와 레이섬의 연구에 따르면 학습 상황이라고 해도 높은 목표를 설정하면 중간 정도의 학습목표를 설정할 때보다 높은 성과를 얻는다. 예를 들어 역대 미국 대통령이 몇 명이었는지 외우는 것과 대통령 모두의 이름과 배경을 외울 때의 차이를 생각하면 된다.

'수행목표' 또한 도전적이고 구체적일수록 유익하다. 결승선이 명확하게 정해진 매우 어려운 목표는 목표 외의 다른 것들은 생각하지 않는 투지 넘치는 사람들에게 탁월한 방향타가 되어주기 때문이다.

하지만 대부분의 사람은 성장을 도모하지 않고, 이런 유형의 목표를 설정하지도 않는다. 그들은 낮은 목표를 달성하려 하거나 아무런 목표도 설정하지 않는다. (어쩌면 우리도 그럴지 모른다.) 낮은 목표를 설정하면 쉽게 목표에 도달하지만, 최대치의 능력을 발휘해 도달한 게 아니기 때문에 만족스럽지 않다.

게리 레이섬은 스스로에게 실망하거나 스스로 보기에 부족해 보이고 싶지 않기 때문에 낮은 목표를 설정한다고 말한다. 하지만 아이러나하게도 '진정한 자존감'은 익숙하고 편안한 영역을 벗어나서 어려운 목표를 추구할 때 형성된다. 낮은 목표를 추구하는 이들은 진정한 자존감을 바랄 수도, 기대할 수도 없다.

루이스의 이야기

학습목표와 수행목표의 차이를 정확히 알지 못하면 완고한 그릿이 발달하는 위험이 존재한다. 이는 장기적으로 해로울 뿐 아니라, 탁월한 결과를 가져오지도 않는다.

루이스는 많은 직원을 성공적으로 관리한 화려한 경력을 가지고 있었다. 많은 업무를 책임지고 있었던 그녀는 지금까지 기울였던 노력을 자신의 사업에 쏟는다면 성공할 수 있을 것이라고 믿었다. 하지만 그녀의 사업은 부진했고, 열정과 자신감을 점차 잃어가고 있었다.

수백만 달러를 잃게 될 상황이 되자 루이스는 자신이 무엇을 잘못하고 있는지 파악하기 위해 내게 도움을 요청했다. 그녀는 목표설정과 책임 측면에서는 최선을 다하고 있었다. 하지만 모든 것이 자신이 원하는 대로 돌아가지 않는다며 몹시 불안해했다.

루이스의 문제는 그녀가 일하는 방식을 듣자마자 알 수 있었다. 월요일 아침, 그녀는 다른 창업가들과 그 주의 목표를 주고받는 전화로 한 주를 시작했다. 금요일 아침에는 동일한 사람들과 그 목표를 얼마나 이뤘는지 서로에게 보고했다.

루이스가 설정하는 목표는 수요일 밤까지 모든 판매자에게 대금을 지불하고, 목요일까지 판매처를 열 곳 더 들리고, 직원용 업무지침서를 만들거나 건강보험 약관을 비교해보는 것 등이었다. 금요일 통화에서 그녀는 자신이 설정했던 목표를 달성하지 못했다는 말밖에 할 수 없었다. 자신이 실패작 같았고, 금요일 아침 통화를 거르기 시작했다.

나는 그녀가 이 사업을 하면서 설정한 목표들 중에 이전에도 해봤던 것들이 있는지 물었다. 그녀는 잠시 생각하더니 대답했다. "아니요. 모든 것이 새로워요. 회사에 다닐 때는 처리할 일이 있으면 항상 비서나 부하직원에게 지시를 내려서 해결했으니까요. 게다가 무엇을 해야 하는지도 알았어요. 그런데 지금은 모든 것이 버거워요. 어떻게 해결해야 할지도 모르겠고요."

루이스의 문제는 분명했다. 그녀는 사업을 해본 적이 없었기 때문에 목표 전부가 학습목표였던 것이다. 그녀는 직원 업무지침을 작성해본 적도 없고, 영업 상담이나 예약 판매 같은 것을 해본 적도 없다. 그런데도 루이스는 열심히 하면 목표들을 이룰 수 있다고 생각했다. 모든 목표들을 수행목표로 간주하고 혼자 임의로 기한을 설정한 것이다.

루이스에게는 사전 경험도, 의지할 직원도, 목표를 세분화해 단계별 달성 방법을 알려줄 사람도 없었다. 루이스는 동요했고, 실패해가고 있었다. 불안해질수록 주눅이 들었고, 스스로를 고립시켰다. 그 바람에 멘토가 되어줄 사람도 만날 수 없었다.

루이스는 사업부적격자가 아니다. 그저 학습목표와 수행목표를 혼동했을 뿐이다. 다행스럽게도 루이스에게는 즉시 문제를 해결할 수 있는 방법이 있었다. 사업 요령을 터득하는 동안 너무 빠듯한 기한과 높은 기대를 설정하지 않는 것이다. 말 그대로 '최선을 다한다'는 자세로 실적을 측정하는 것이 최선임을 이해하기 시작한 루이스는 난제들의 해결책을 최대한 브레인스토밍한 후 그녀의 강점과 시간에 맞는 방법들을 시행하는 데 집중했다.

또한 사업 요령을 좀 더 쉽게 터득할 수 있게 도와줄 멘토와 그녀의 학습목표 중 일부를 수행목표로 전환해줄 검증된 측정 기준을 찾는 데 시간을 투자했다.

진정한 그릿과 관련된 고무적이고 희망적이며 긍정적인 결과를 원한다면 학습목표와 수행목표의 차이를 반드시 이해해야 한다. 이를 통해 목표를 달성하는 데 필요한 시간, 에너지, 집중력, 끈기를 낭비하지 않아야 한다. 대부분의 사람 혹은 조직은 두 가지 목표를 혼동해 실패의 나락으로 떨어진다.

다행히도 올바른 지식을 갖추고 목표설정에 관한 연구들을 적용해 최상의 결과를 얻는 법을 배우려고 노력한다면 쉽게 바로잡을 수 있는 문제이기도 하다.

책임감 설정의 중요성

목표를 추구하면서 범하는 가장 큰 실수는 목표를 실행하도록 해줄 책임감 조항을 설정하지 않는 것이다. 자신에게 너무나 중요한 목표이기 때문에 기한 내에 달성하는 데 문제가 없을 것이라고 가정하지만, 이는 잘못된 생각이다. 지속적으로 운동하기, 생활환경 바꾸기, 저축하기 등 광범위한 목표에서 이런 실수를 한다.

변화가 쉬웠다면 모두가 성공했을 것이다. 하지만 일상은 우리의 노력을 약화시키는 사람과 상황, 유혹으로 가득하다. 그렇기 때문에 투지가 강한 사람들은 다양한 방식으로 책임감 조항을 설정한다.

직간접적인 네트워크를 통해 함께 브레인스토밍을 하고, 진전이 있는지 확인하며, 좌절했을 때 새로운 전략을 제안하는 코치 또는 자신에게 효과가 있던 방법이나 전략을 알려주는 멘토가 당신이 할 일을 하도록 압력을 넣는 것도 책임감 조항이 될 수 있다. 운동 코치들이 위대한 목표를 설정한 투지 넘치는 선수들에게 훈련 계획을 짜주고, 피드백을 제공하고, 팀과 훈련할 기회를 마련해주는 것과 마찬가지다.

동료나 친구와 파트너가 되는 것처럼 단순한 책임감 설정도 가능하다. 내 딸 사만다는 로스쿨 입학을 위해 LSAT를 준비할 때 이 방법을 사용했다. 사만다는 같은 목표를 가진 친구와 함께 공부했고, 모의시험도 14번이나 치렀다. 사만다에게는 열정과 재능도 있었지만, 함께 노력한 친구와 약속한 책임감 덕분에 최고의 성적을 받을 수 있었고, 공익 변호사가 되겠다는 최종적인 꿈을 향해 나아가고 있다.

명확한 목표를 달성하기 위해 두 명 이상의 사람들이 지식과 노력을 조화롭게 공유하는 것으로 정의되는 마스터마인드그룹은 목표달성을 위한 성공 전략으로 첫손에 꼽힌다. 마스터마인드그룹은 사회적 지

성공 전략의 첫손으로 꼽히는 마스터마인드그룹 ｜ **출처_** flickr

지를 통해 희망을 주고, 당신의 약한 감정도 내보일 수 있게 한다. 이
는 익숙한 영역 밖의 목표를 추구하고, 벅찬 장애물에 부딪혔을 때 힘
이 되어준다.

　마스터마인드그룹의 응원이 없었다면 나는 첫 번째 책을 쓸 수 없
었을지도 모른다. 나는 2008년 코칭을 중단하고 집필에 몰두하겠다는
결정을 내렸다. 큰 모험이었고, 금전적으로도 손실이 있을지도 모를
선택이었다. 그들은 내가 매일 정확히 무엇을 해야 하는지 점검했고,
온갖 지원을 아끼지 않았다. 감당하지 못할 일을 하고 있는 건 아닌지
두려움에 빠져 있을 때 나를 웃게 해줬다.

　나는 우리 모두가 마스터마인드그룹으로부터 도움을 받을 수 있다고
믿는다. 마스터마인드그룹이 구체적인 지침으로 운영되고, 적합한(변
화에 열정적이며 다른 사람들도 그럴 수 있도록 지지하는) 사람들로 구
성되어 있다면 모임이 불평을 토로하거나 고민을 털어놓는 곳으로 변질

되는 것을 막을 수 있고, 원래의 취지도 오래도록 유지될 것이다.

단체 메일이나 SNS를 통해 자신의 목표를 공개함으로써 책임감 조항을 설정하기도 한다. 목표를 집단과 공유함으로써 대중적 지지를 얻고, 이를 통해 변화에 힘을 실을 수 있기 때문이다. 물론 모든 사람이 공개를 원하는 것도 아니고, 꼭 목표를 공개해야만 하는 것도 아니다. 하지만 서로를 지지하고 배려하는 상황에서 목표를 공개한다면 친구들과 동료들은 당신이 포기하고 싶은 유혹을 느낄 때 노력을 계속하도록 지지하고 열의를 되찾게 해줄 것이다.

목표를 적어보면 노력하게 된다

SNS나 블로그에 목표를 게시하거나, 행동 계약을 작성하거나, 일기를 쓰는 것처럼 목표를 글로 적으면 노력을 더 하게 된다. 앞서 소개한 최고의 미래상 쓰기는 목표지향적 사고를 유도하고, 상충되는 목표들을 명료하게 해줄 뿐만 아니라 미래를 낙관하게 만들고, 끈기를 이끌어낸다고 밝혔다. 2015년에는 '인생을 변화시키는 글쓰기과제'라는 제목의 연구가 방송에 소개되기도 했다. 대학생들에게 온라인으로 목표를 설정하고 일기를 쓰게 하는 프로그램이 그들의 성적 향상에 도움이 됐다는 내용이었다.

토론토대학교 심리학과 조던 피터슨 교수의 교육과정도 최고의 미래상 쓰기와 일맥상통한다. 조던 피터슨 교수는 일련의 질문을 통해 학생들이 동기와 구체적인 미래 계획, 장애물이 발생하면 극복하게 해줄 전략을 찾도록 돕는 '의미의 지도'를 교육과정에 도입했다. 글쓰기와 목표설정이 결합된 그의 교육과정은 '과거에 관한 글쓰기'와 '미래에 관한 글쓰기' 두 부분으로 이뤄져 있다.

학업 중단 위기에 처한 학생들에게 의미의 지도 수업을 수강하게 하자 중퇴율이 낮아졌고, 전체 학점이 올랐다는 맥길대학교의 연구결과도 참고할 만하다. 신입생 때 이 수업을 들은 학생들을 추적조사한 연구에서는 성별과 인종적 차이가 없어졌다는 결과가 나오기도 했다. 로테르담경영대학에서도 최근 의미의 지도 수업을 개설해 고정관념의 위협에 취약할 수 있는 이민자들에게 효과적인 도움을 주고 있다.

피터슨은 학업을 끝내도록 도와주는 목표설정 중재 기법이 인생을 바꿀 수 있다고 생각한다. "학업을 마치기 위해 천재가 될 필요는 없습니다. 학업에 큰 관심이 있어야만 하는 것도 아닙니다. 하지만 둘 다 없다면 치명적입니다."

연습 1 보다 효과적인 목표설정 방법

통제감을 높일 수 있도록 이미 성취한 일들을 비롯해 목표의 버킷리스트를 작성해본다. ───

목록을 채우는 것보다 실천할 목록을 만드는 것이 중요하다. 이 활동을 같이하기로 약속한 사람들과 목록을 교환하고, 목표별로 이제 무엇을 하려는지 설명한다.

달성하고 싶은 목표들이 이미 있지만 진전이 없는 느낌이 든다면 5Why 기법으로 진전이 없는 핵심 이유를 밝혀본다. ───

5Why 기법은 문제해결에도 도움이 되므로 11장 말미에서 다시 논의될 것이다.

목표달성에 책임을 다하게 하는 데 효과가 탁월한 방법 중 하나는 자신에게 이메일을 예약 발송하는 것이다. ───

이메일을 통해 당신이 밟아야 할 단계와 목표가 중요한 이유를 상기시키고, 계속 노력하도록 자극을 준다. 이메일 주소를 바꾸지 않는 한 몇 주 뒤, 몇 개월 뒤, 심지어 몇 년 뒤의 자신에게 메일을 보내놓을 수 있다.

매일 달성해야 할 목표들과 장기적인 목표가 어떻게 조화를 이루는지 의식적으로 생각하는 사람들은 감정적으로 덜 지치고, 일에 더 만족감을 느끼며, 심지어 출근길이 더 행복하다. ───

그러므로 아침에 그날 할 일들을 어떻게, 언제 완수할지 생각하고, 장기적 계획들과 어떻게 연결시킬지 자문해보라. '목표지향적 전망'으로 알려진 이런 사고는 보다 긍정적인 정서를 갖게 하고, 자기조절 능력을 향상시키며, 목표지향적인 심리 상태로 일을 시작하려고 할 때 도움을 준다.

연습 2 10년 후의 나와 만나기

긍정심리학 분야에서 나온 가장 유명한 글쓰기 기법은 앞에서 언급했던 '최고의 미래상' 글쓰기다. 아직 해보지 않았다면 지금이라도 진지하게 글쓰기를 시작해보라. 하루에 20분씩, 3일 연속으로 10년 뒤를 상상하면서 당신의 모습을 써본다.

세 번의 글쓰기를 하는 동안 당신 삶을 여러 측면에서 탐색해보는 것이 좋다. 당신은 어디에 살고 있는가? 어떻게 지내고 있는가? 누구와 함께하고 있는가? 친구와 가족들과의 관계는 어떤가? 당신이 지지하는 신념이 있는가? 어떤 모험을 해서 결실을 얻었는가?

3일째 글쓰기를 끝낸 후 관객에게 소개하듯 미래의 당신을 소개하는 글을 10분 동안 써본다. 분명 열의와 낙관주의로 가득하게 될 것이고, 상충하던 목표들이 명징해질 것이다. 또한 스스로에게 관대해지고, 목표를 달성하기 위해 주도적으로 행동하게 될 것이다.

11장

결정의 단순화

만족지연을 습관으로 만드는 법

베스트셀러 《빅 숏》, 《머니볼》의 작가 마이클 루이스는 버락 오바마 대통령의 백악관 일상을 취재한 기사를 2014년 공개했다. 공식적인 행사뿐만 아니라 비공식적인 농구 게임에도 쫓아다닌 끝에 마이클 루이스는 오바마 대통령이 어떻게 업무를 간소화하고 효율성을 극대화하는지 소개할 수 있었다.

오바마는 대통령 재임 시절 업무를 간소화하기 위해 파란색과 회색 정장만 입었고, 식사는 제공하는 대로 먹고, 양말 선택부터 일정 관리까지 일상적인 세세한 결정은 다른 사람에게 넘겼다. 의사결정 에너지를 아끼기 위해서였다.

의지력에 관한 사회심리학 연구결과에 따르면 노력이 필요한 결정은 의지력을 소모시켜 '의사결정 피로감'을 가져온다. 루이스의 설명에 따르면 "일상을 습관화하면 사소한 일들에 신경이 분산되지 않는다."

오바마의 행동은 그릿을 원하는 사람이라면 배울 필요가 있다. 그는 중요하지 않은 일을 생각하느라 시간을 낭비하지 않았고, 사소한 과업은 다른 사람에게 위임했다. 오직 대통령만이 결정을 내릴 수 있는 중대한 사안에 집중하기 위해 일과를 규칙적으로 정해두고 자동으로 행동함으로써 감정 에너지를 아낀 것이다. 덕분에 맑은 정신과 고도의 집중력으로 중요한 문제를 직시할 수 있었다.

만족지연이 인생에 도움이 된다

앞에서 언급했던 마시멜로 실험을 기억하는가? 그 실험에서 15분 동안 마시멜로를 먹지 않고 참을 수 있었던 유치원생들은 유혹을 거부하지 못했던 아이들에 비해서 나중에 SAT 점수, 리더십, 인기, 성적이 높을 확률이 컸고, 품행 문제를 일으키거나 중독에 빠질 확률은 작았다. 다른 연구들도 어릴 적의 만족지연 능력이 낮은 이혼율, 긴 근속 기간, 높은 행복감을 포함한 많은 긍정적인 결과를 예측한다는 사실을 증명했다.

정책입안자와 교육개혁가들은 어릴 때부터 자기통제력을 가르치는 것이 중요하다고 강조한다. 국립경제연구소 또한 2015년에 발표한 보고서를 통해 아동기부터 비인지적 역량을 육성해야 한다고 강조했다.

업무에서 근로자들의 비인지적 역량이 중요시되고 있으며, 이를 강화하기 위해서는 성격이 완전히 형성되기 전인 아동기에 집중해야 한다는 주장이다. 《딥 워크》의 저자 칼 뉴포트는 한 걸음 더 나아가 "21세기의 IQ는 집중하는 능력이다"라며 자기조절이 결정적인 인생 기술이라고 주장한다.

자기조절과 자기조절이 예측해주는 변인들을 다룬 연구를 알게 됐을 때 내가 처음 느낀 감정은 죄책감이었다. 만약 시간을 되돌릴 수 있다면 아이들에게 자기조절 능력을 길러주는 데 집중할 것이라고 단언할 수 있다.

만족지연 능력은 학습 가능하며, 이를 배울 때 따라오는 긍정적인 결과는 수없이 많다. 자기조절 능력이 뛰어난 사람들은 목표를 달성함에 있어 자신감과 우정, 행복과 같은 부수적인 혜택을 누린다는 연구 결과도 있다.

마시멜로 실험에서 테스트를 쉽게 통과한 아이들은 기본적으로 마시멜로를 의식하게 하는 모든 유혹을 제거한 아이들이었다. 아이들은 고개를 숙이거나 마시멜로로부터 등을 돌리고, 신경을 분산시키기 위해 노래를 부르는 등 마시멜로를 잊게 해줄 수 있는 방법을 총동원했다.

만족지연 능력은 사소한 정보나 주의를 분산시키는 일에 휘둘리지 않고 생각해야 할 일들만 생각하는 것이다. 아이들의 이런 행동은 의지력을 낭비하지 않기 위해 주의 깊게 하루를 설계한 오바마의 선택과 크게 다르지 않다.

나 역시 폭식증을 극복하기 위해 마시멜로 실험에서 만족지연을 선택한 네 살짜리 아이처럼 본능적으로 행동했다. 내가 중독됐던 음식을 파는 음식점 근처에도 가지 않았고, 노력을 방해하는 음식들을 냉장고에서 치워버렸다. 쇼핑센터 푸드코트의 다양한 음식들을 보면 마음이 흔들릴까 봐 도시락을 싸서 출근했다.

12단계 폭식증 극복 프로그램에서 가장 자주 들었던 말은 "KISS^{Keep it simple, stupid}(간단하게 생각하라)"다. 이 원칙은 자기조절에 있어서도 여전히 효과적이다. 의지력 남용을 피하기 위해 결정을 단순화할 필요가 있다.

의지력이란 무엇인가?

지난 15년간 자기조절에 관한 연구가 활발히 이뤄지면서 논쟁적인 이론도 많이 발표됐다. 플로리다주립대학교 로이 바우마이스터 교수는 자기조절 분야의 선도자 중 하나로, 의지력이 근육과 비슷한 특징이 있다는 이론을 제시했다. 바우마이스터와 공동연구진의 연구에 따르면 사람들은 하루에 사용할 수 있는 의지력이 정해져 있으며, 욕구 만족을 스스로 거부하고 지연하는 이 능력은 시간이 지날수록 조금씩 감소한다.

이 이론을 가석방 여부를 결정하는 판사에게 적용한 흥미로운 사례가 있어 소개한다. 판사들이 업무를 시작하는 아침에는 복잡한 상황을 평가해서 적절한 결정을 내릴 수 있지만, 시간이 경과하면서 그런 판단 능력을 유지하지 못했다. 뇌가 피로해지면서 가장 쉬운 선택, 즉 자신이 가장 익숙하게 내리는 결정을 내리게 된 것이다. 하지만 점심식사 후에는 의사결정 능력이 아침시간과 마찬가지로 예리해졌다. 휴식과 영양소, 특히 포도당이 의지력을 원래 상태로 회복시킨 것으로 확인됐다.

의지력이 무한정이라고 진심으로 믿으면 신체의 통제력이 높아진다는 연구결과도 눈에 띈다. 의지력을 보여주는 사람과 있을 때나 자는 동안, 웃을 때도 고갈된 의지력이 회복되는 것으로 확인됐다.

의지력을 빠르게 고갈시키는 요인 중 하나가 음주다. 술은 우리에게 거부할 능력을 빼앗는다. 술이 술을 부르고, 음식, 섹스, 소비, 분노를 조절하는 데 실패하게 만들 뿐 아니라 자기파괴적인 행동을 하게 만든다.

절주와 그릿

2015년 국제수영연맹 명예의 전당에 입성한 칼린 파이스는 알코올중독을 극복해낸 대표적인 인물이다. 어렸을 때부터 수영 선수로 두각을 나타낸 칼린 파이스는 알코올중독으로 인해 30대 초반의 나이에 인생의 밑바닥까지 추락했다.

술을 끊은 후에야 오랜 열정과 인생의 목적을 되찾을 수 있었다. 대학 재입학 후 NCAA 2부 리그 최고령 우승자가 됐고, 국제아마추어수영연맹 마스터스 대회에서 세계신기록을 두 번이나 수립했다.

칼린의 이야기나 바우마이스터의 연구가 아니더라도, 우리는 술이 가장 큰 문제라는 사실을 잘 알고 있다. 과음은 그릿을 유지할 수 없게 한다. 내 고객 중 몇몇도 술 때문에 애를 먹는다고 고백한다. 그들도 술이 성공을 가로막고 있다는 사실을 알고 있다. 술을 끊으면 보다 더 나은 삶, 더 행복한 삶이 기다리고 있다는 사실도 알고 있다.

술이 골칫거리라면 술을 끊어라. 술을 끊기 힘들다면 알코올중독자 모임에 참석해 그들의 사연을 들어보라. 분명 영감을 얻을 수 있을 것이다.

이름 붙일 수 없는 문제2.0

1960년대 초반 수많은 중년 백인 여성들은 예전의 여성들이 그랬던 것처럼 도시 근교에서 아이들을 키우고 최신 진공청소기를 쓰는 것만으로는 더 이상 행복을 느끼지 못했다. 베티 프리단은 우울증과 무력감, 약물 남용으로 고통받으며 절망적인 삶을 조용히 받아들인 그들의 삶을 《여성의 신비》에서 다루며 이들이 겪고 있는 문제를 '이름 붙일 수 없는 문제'라고 정의했다.

지난 몇 년 사이 가히 '이름 붙일 수 없는 문제2.0'이라고 부를 만한 이례적인 현상이 눈에 띈다. 최근 10년 동안 중년 여성들의 우울증, 자살, 섭식장애, 약물 남용, 알코올중독 등과 같은 자기파괴적 행동이 급증했다. 다른 연령대가 더 오래, 더 건강하게 사는 삶을 선택하고 있는데 반해 오늘날 중년 여성들은 수명이 짧아지고 있다.

자기파괴적 행동과 부정적 사고에 굴복당한 그들은 실망감과 두려움, 환경 변화에 대처하는 데 어려움을 겪고 있다. 이는 회복탄력성을 저하시키고 긍정적 관계를 형성하거나 열정과 목적, 목표를 설정하기 힘들게 한다. 그들의 절망적인 선택은 어려운 목표를 추구하게 하는 주요 동인인 자기조절 능력을 약화시킨다.

새로 발견한 목적을 추구하고, 인생 후반기에 새롭게 자신을 정립할 필요가 있다. 이를 통해 자유로움을 느끼고, 희망과 행복은 더욱 커진다. 가족에게도 활기를 불어넣을 수 있다. 나는 이 점에 주목했다.

관계의 단계를 성공적으로 밟아가는 배우자들은 '미켈란젤로 효과'(자신과 관계를 맺고 있는 사람을 자신이 원하는 이상적인 모습으로 탈바꿈시키려고 하는 경향)를 불러일으켜 서로의 자기조절 능력을 높여줄 수 있다. 우리에게 장래 희망이 있고, 이를 배우자와 공유했을 때 배우자가 피드백과 칭찬으로 우리를 '조형'한다면, 우리가 계속 성장하며 의지력을 발휘해 성공할 가능성이 높아진다.

예를 들어 15년 동안 아이들을 기르며 전업주부로 살다가 다시 직장생활을 하려는 아내는 남편으로부터 (그녀가 만든 요리 같은) 그녀의 미래 자아상과 관련이 없는 행동들을 칭찬받는 대신에 인간관계를 넓히고, 새로운 기술을 배우고, 가사에서 벗어나려는 노력을 칭찬받는다면 더 순조롭게 성공하게 될 것이다.

왜 가난한 여성 중에 뚱뚱한 사람이 많은가?

의지력은 하루를 보내면서 고민하고 결정할 때마다 조금씩 줄어드는 한정된 자원이다. 하지만 하루하루를 빠듯하게 살아가면서 전기세를 내야 할지, 먹을 것부터 사야 할지, 아이의 신발부터 사줘야 할지 결정해야 하는 순간이 끝없이 반복된다면 십중팔구는 나쁜 것에 의지하게 된다. 어쩌면 이성을 잃고 분노하게 될지도 모른다. 빈곤층에서 흔히 발생하는 비만, 약물 남용, 폭력 등도 어느 정도 설명이 된다.

그릿 트레이닝 프로그램을 시작하면서 제한된 환경에 사는 사람들, 큰 꿈을 가졌지만 그 꿈에 도달할 만큼의 그릿은 갖지 못한 것 같다고 걱정하는 사람들로부터 많은 메일을 받았다. 그들은 경제적 부담, 신체장애, 성공할 수 없는 환경에 대한 고민을 내게 토로했다.

분명 그들에게도 그릿은 존재한다. 단지 매일 새로운 장애물에 대처하느라 그릿이 소모됐을 뿐이다. 그들에게 답장을 보내며 이 점을 강조했다. 그리고 자기조절 이론에 대해 설명하고, 정신력을 유지하고 신체적 건강을 개선해줄 습관을 기르라고 조언했다. 무엇보다 작은 성공에 집중하라고 격려했다. 작은 성공이 쌓이면 분명 탄력을 받을 수 있기 때문이다.

사회심리학의 연구결과를 바탕으로 한 생활 방식을 경험할 수 있다면 난관에 처한 저소득층의 투사들도 오바마가 백악관에서 보내는 일상처럼 최대한 위엄 있고 평온하며 집중력 있게 삶에 다가설 수 있다. 그러면 그들도 진정한 그릿을 길러서 정말로 원하는 인생에 근접한 삶을 만들어갈 수 있을 것이다.

주의력결핍성향

2005년 에드워드 할로웰Edward Hallowell은 〈하버드비즈니스리뷰〉에 '과부하가 걸린 회로: 왜 똑똑한 사람들이 제 기량을 발휘하지 못하는가'라는 제목의 글을 실었다. 정신과 의사인 에드워드 할로웰은 주의력결핍과잉 행동장애ADHD와 주의력결핍장애ADD 진단을 받은 아이들이 이를 극복할 수 있도록 돕고 있다.

그는 최근 ADHD, ADD와 유사한 새로운 장애가 급속히 확산되고 있다는 사실을 발견했다. 주의력결핍성향Attention Deficit Trait, ADT이라고 이름 붙인 이 장애는 유전적 원인으로 나타나는 ADHD나 ADD와 달리 후천적으로 발생한다. ADD나 ADHD는 보통 창의성이나 통찰력 같은 재능을 동반하지만 단지 집중력이 부족해 그 재능이 가려진 상태다. 하지만 ADT는 어떤 재능도 동반하지 않는다. 활동 과잉인 세상에서 처리해야 할 데이터가 늘어나자 뇌에 과부하가 걸리면서 작동이 중단된 상태다.

이런 특징은 끊임없이 전자기기를 사용하고, 속도에 집착하며, 한발 물러서 스스로를 다잡지 못하는 사람에게서도 확인할 수 있다. 이런 행동들은 자기조절 능력을 떨어뜨리고, 궁극적으로 그릿 부족 사태를 초래한다.

할로웰은 우리가 깜짝 놀라거나 위협을 느낄 때 작동하는 생존 기제도 ADT를 확산시키는 원인 중 하나로 꼽았다. "생존이 최우선인 상황에서는 유연성과 유머 감각, 미지의 상황에 대처하는 능력이 떨어진다. 그저 위험한 상황을 처치하고 싶은 마음으로 가득할 뿐이다."

ADD와 ADHD는 뇌 스캔과 각성제를 선택적으로 복용하면 치료될 수 있다. 하지만 ADT는 당사자의 외부환경과 스트레스에 대한 반응을 변화시켜야만 호전될 수 있다. 중요한 목표를 방해 없이 달성하기 위해서는 긍정적인 정서를 증진하고, 운동을 하고, 좋아하고 존경하는 사람과 관계를 유지하며, 뇌에 적절한 휴식과 영양을 공급해야 한다. 주의를 산만하게 만드는 일과 환경을 정리하고 불안해질 때 스스로를 달랠 법을 찾아야 하는 것이다. 이는 행복의 조건이기도 하면서 동시에 ADT 치료에도 그대로 적용된다.

우리 환경 속의 언어들

우리의 성공을 방해하고 자기조절 능력을 파괴하기 위해 작정한 것은 환경뿐만이 아니다. 우리는 예기치 못한 사건들에 대한 경계도 늦춰서는 안 된다. 우리는 무의식적인 자극에 지속적으로 노출된다. 단어나 노래, 장소, 그림, 심지어 사람이 될 수도 있는 이런 자극과 맞닥뜨리면 자신도 모르게 긍정적 또는 부정적으로 사고하고 행동하게 된다.

일부 기업에서는 언어의 긍정적인 힘을 활용하기 위해 회사가 지향하는 가치나 직원들에게 기대하는 행동을 회의실 이름으로 짓기도 한다. 라지 토머스가 설립한 스프링클러Sprinklr는 '감사', '용기', '진실'을 회의실 이름으로 사용하는데, 그 이유를 묻자 이렇게 대답했다. "'겸손'이라는 이름이 붙은 방에서 오만하기는 힘들지 않을까요? '끈기'라는 이름의 회의실에서는 포기하기 힘들 테고요."

긍정심리학 연구자들은 일상적인 대화나 노래 가사에 사용되는 단어에도 관심을 기울이고 있다. 최근 몇 년간 음주를 긍정적으로 표현한 가사가 늘어나자 같은 기간 동안 알코올질환이 급격하게 증가했다는 영국의 연구결과는 꽤 흥미롭다. "못 해", "실패" 같은 단어를 무심코 들었을 때 자기조절 능력이 약화된다는 연구결과도 있다.

목표를 추구하고 달성하기 위해서는 의지력이 중요하다. 특히 목표 달성의 길이 거칠고 험난하다면 만족을 지연시킬 수 있는 능력은 반드시 필요하다. 그릿을 키우기 위해 자기조절 능력을 향상시키는 것도 이 때문이다. 누구나 의지력을 기를 수 있다는 희망을 가져야 한다. 다행스러운 것은 의지의 근육을 키우는 법에 대한 연구와 새로운 정보가 풍부하기 때문에 우리가 선택할 수 있는 방법들이 많다는 점이다.

연습 1 자기조절 능력을 향상시키는 방법들

절제력을 향상시키는 전통적인 방법에 주목한다. ———

'허리를 펴고 앉기'나 '반듯한 글씨로 한 문장을 100번 쓰기' 같은 가톨릭학교의 훈련과 규칙들이 실제로 절제력을 길러주고 이를 다른 생활 영역으로 확산시키는 훌륭한 훈련 방법으로 간주되고 있다.

반복적이며 계획적으로 절제력을 기를 수 있는 단순하고 구체적인 방법을 골라보라. 세부 사항에 유의하게 만드는 훈련 역시 특수부대 훈련의 핵심으로 알려져 있다. 세부 사항을 하나라도 간과하게 되면 자신 또는 다른 장병이 다칠 수 있으므로 군사훈련에서는 군화 손질, 군복 단정하게 착용하기 같은 단순하고 구체적인 규정을 강조한다.

스스로 질문한다. ———

일반적으로 자기확신은 목표를 달성하는 데 도움이 된다. 여기에 스스로에게 구체적인 질문을 하면 더 좋은 결과를 얻을 수 있다. "철인 3종 경기 참가 신청을 하겠다"고 말하는 대신에 "철인 3종 경기 참가 신청을 할까?"라고 질문하라. 텍사스대학교 오스틴캠퍼스 심리학과 교수이자 학과장인 제임스 페니메이커는 사회인지개념이 현실 행동에 영향을 미친다고 말했다.

주도적이고 성공적인 삶을 강화하기 위해서는 성격 강점을 발전(혹은 억제)시켜야 한다. 그리고 성격 강점을 관리하기 위해 언어가 어떤 영향을 미치고 있는지 주의 깊게 살펴야 한다.

커피숍을 신중하게 선택한다. ———

자기조절 능력과 과업추진력은 전염성이 있다. 우리가 무의식적으로 사람들의 호흡 속도나 자세, 말을 모방하듯, 열심히 노력하는 사람 주변에 있으면 긍정적 파급 효과를 누리게 된다. 관중 효과(일할 때 남들의 시선을 의식하게 되면 자기통제력을 더 발휘하게 되는 효과) 이론이나 소규모 집단에서 모두가 동일한 일을 할 때 최상의 결과를 얻기 위해 서로 경쟁하게 된다는 연구결과도 있다. 하지만 그런 효과가 발생하는 이유와 관계없이 그릿이 강한 사람은 스스로를 규제하는 법을 알며, 그런 사람 주위에 있으면 절제 습관을 형성하는 데 도움이 된다는 점을 기억하라.

당신이 아버지라면 자녀와 노는 시간을 갖는다. ———

아이들은 아버지와 놀 때 자기조절 능력을 기를 수 있다. 브리검영대학교에서는 아버지와 자녀의 상호작용과 자녀의 자기조절 능력을 결부시키는 독특한 연구를 진행했다. 325가구를 수년간 추적조사한 결과 민주적 양육 방식을 보여준 아버지를 둔 자녀들이 과업을 계속 추구하고 결국 완료하는 성인으로 성장한 사례가 많다는 것을 발견했다. 아버지와 할 수 있는 독특한 놀이 방식, 특히 거친 놀이를 통해 아이들이 좌절감을 극복하는 법을 배운다는 연구결과도 중요하다. 아버지와 함께 있는 안전한 환경이 좌절감을 웃음으로 극복하게끔 한다는 것이다.

연습 2 5Why 기법

토요타는 생산라인에서 왜 기한 내에 일을 끝내지 못하는지, 왜 일을 전혀 하지 못하는 상황이 발생하는지 조사했다. 이 과정이 2011년 〈하버드비즈니스리뷰〉에 소개되면서 큰 반향을 일으켰다.

토요타의 도전과제는 명료했다. 생산성을 높이는 것. 명료한 과제는 관리자들이 어떤 프로젝트를 우선 추진해야 하며, 어떻게 낭비를 없앨지, 최상의 결과를 산출하기 위해 어떤 기술을 사용해야 하는지 결정하는 데 도움이 됐다.

명료한 과제는 그릿을 발달시키기 위해서도 반드시 필요하다. 어떤 선택이 최상의 결과를 가져오며, 목표달성을 방해하는 일들을 어떻게 중단해야 하는지 이해해야 한다.

당신이 잘하지 못하거나 전혀 못하는 일, 바꾸고 싶은 일을 생각해보자. 당신의 성공에 영향을 미칠 어떤 일에 투자할 돈을 마련하기 위해서 지출을 줄이겠다는 목표가 예가 될 수 있을 것이다. 이제 당신에게 질문하라. "왜 그렇지? 왜 나는 [   ]을 하지 않았지?" 최소 다섯 번의 '왜?'라는 질문을 통해 당신은 그 이유들을 밝혀내고, 그 이유들을 검토해서 해결의 실마리를 찾을 수 있을 것이다.

앞의 예로 돌아가자면 이런 식으로 파고들어갈 수 있다. "내가 돈이 부족한 건 지출을 억제하지 못하기 때문이다. 내가 지출을 억제하지 못하는 건 청구서들을 납부 기한까지 결제하지 않고 있다가 예금해둔 돈을 털어 쓰기 때문이다. 납부 기한까지 안 낸 청구서들이 있는 것은 내가 마지막 순간까지 납부하지 않고 기다리기 때문이다. 마지막 순간까지 청구서들을 납부하지 않고 기다리는 것은 고정 지출만으로도 내 월급 대부분이 없어지기 때문이다. 내 고정 지출이 많은 것은…" 이제 당신도 이해가 됐을 것이다. 이런 끈질긴 탐색이 문제의 뿌리와 어디서부터 변화를 시작해야 할지 찾게 해주고, 이는 다시 긍정적인 도미노 효과로 이어질 것이다.

12장

모험의 방향

익숙한 공간을 떠나야 비로소 할 수 있는 것들

"지금까지 당신이 한 가장 큰 모험은 무엇입니까? 그것을 통해 어떤 보상을 받았습니까?" 내가 이렇게 물었을 때 사람들은 예상을 벗어나지 않는 대답을 내게 들려줬다. 청혼, 안전망 없이 던진 사표, 즉흥적으로 멀리 떠난 여행…. 오랫동안 열정을 가졌던 흥미로운 일을 시작하고, 세계관이 바뀌고, 가족의 기대라는 굴레를 벗어던지면서 비로소 자신을 수용하게 됐다고 말했다.

그들은 목적의식이 뚜렷한 일을 하면서 다양한 긍정적인 결과들을 이끌어냈다. 진정한 그릿의 소유자는 자신의 능력을 터무니없이 높게 보지 않는다. 하지만 자기효능감이 높기 때문에 그들은 모험에 도전한다. 그들은 목표를 달성하기 위해 알아야 하거나 해야 하는 일은 무엇이든 할 수 있다고 믿는다. 그들은 실패를 두려워하지 않으며, 실패할 거라는 생각 자체를 하지도, 받아들이지도 않는다.

그릿이 모험에 능숙하기를 요구하는 것은 진정한 그릿의 소유자는 그들 또는 흔히는 어느 누구도 이루지 못한 일을 해내는 신기원을 열 때가 많기 때문이다. 원하는 목표에 도달하기 위해 익숙한 영역을 몇 번이고 벗어나야만 하지만, 그러는 내내 성공한다는 보장도 없다. 하지만 그런 사실도 그들을 막지는 못한다. 그들은 모험을 했다면 어떻게 됐을까 추측하는 삶을 사느니 자신을 걸고 도박을 한다.

그릿을 육성하는 데 모험이 필수적이다. 진정한 그릿의 소유자는 스스로를 포함해 어느 누구도 이루지 못한 일을 해낸다. 그들은 원하는 목표에 도달하기 위해 익숙한 영역을 몇 번이고 벗어나고, 성공이 보장되지 않는 영역에서 신기원을 연다. 모험을 했다면 어땠을까 고민하느니 자신의 모든 것을 던진다.

최상의 삶은 모험을 요구한다

2008년 〈뉴욕타임스〉와의 인터뷰에서 버킷리스트에 대해 이야기한 적이 있다. 며칠 만에 출판사로부터 2009년 첫 책을 함께 출판하자는 제안을 받았다. 2009년이 4개월밖에 남지 않은 때였다. 도전과제를 기꺼이 받아들이기는 했지만, 두려움과 반신반의하는 마음도 컸다.

책을 쓰기 위해 나는 위험한 조치를 취해야 했다. 온전히 집필에 집중하기 위해 4개월 동안 밥벌이를 완전히 내려놓은 것이다. 능률을 높이고 지출을 줄이기 위해 2주 간격으로 사무실과 집을 오가며 집필과 재정비의 시간을 가졌다.

아이들 식사와 통학, 방과 후 활동을 다른 엄마들에게 부탁해야 했고, 발진과 극심한 편두통 때문에 고통스러운 시간도 있었지만 결국 기한 내에 책을 완성했다. 편집자에게 최종 원고를 보내고 집으로 돌아오는 길에 나는 기쁨에 찬 목소리로 남편에게 전화를 걸었다. "내가 해냈어!"

그렇게 짧은 시간에 책 한 권을 써낼 수 있는지 나는 확신할 수 없었다. 하지만 금전적, 감정적으로 모험이었던 그 일을 해낸 덕분에 나는 중요한 교훈을 얻게 됐다.

우선 이 도전과제를 통해 내가 어떤 사람인지 스스로 다시 정의할 수 있었다. 나는 엄청난 신체적, 감정적, 재정적 압박 아래서 능력을 시험당하는 일을 받아들였고, 그런 난관에도 불구하고 첫 번째 책을 썼다.

책을 완성한 후 코칭을 다시 시작하면서 예전의 고객들에게 연락을 돌렸다. 코칭은 주로 소개를 통해서 진행되는데, 내가 아니더라도 기쁜 마음으로 내 고객을 받아줄 훌륭한 코치들은 많았다. 하지만 내 고객들은 나를 기다려줬다. 오히려 신규 고객들이 늘어난 덕분에 모험을 하느라 비어버린 재원을 빠르게 채울 수 있었다.

예기치 못한 상황에 의아해서 한 고객과 다시 연락이 됐을 때 물었다. "왜 다른 코치를 고용하지 않았나요?" 나는 그녀의 대답을 듣고 놀랐다. "어느 누구도 실제로 모험하는 모습을 본 적이 없어서 결과가 어떻게 됐는지 궁금했거든요. 모든 사람이 모험을 하고, 열정을 따르고, 너무 안전만 추구하지 말라는 이야기를 늘 하지만, 실패할 가능성도 있는데 그렇게 많은 위험을 무릅쓰고 자기 꿈을 좇는 용기를 냈던 사람을 본 것은 내 평생 당신이 처음이에요."

그녀의 말을 듣고 곰곰이 생각해봤다. 열정을 좇고, 용기를 내고, (결과가 어떻게 되건) 소신껏 하라고 격려하는 사람은 많지만, 실제로 실행에 옮기는 사람은 거의 없다. 사람들이 모험을 해가며 힘겨운 목표를 달성하려고 하지 않는 것은 스스로에게 실망하고 싶지 않기 때문이다.

목표 이론을 창시한 게리 레이섬은 인터뷰에서 이런 말을 했다. "높은 목표를 세우지 않으면 그곳에 도달하지 못했다고 실망할 일도 없습니다. 어떤 사람도 스스로에게 실망하기를 바라지 않죠. 하지만 대부분의 사람들이 생을 마감할 때 자신이 이루지 못한 일에 대해 '할 수 있었는데', '했어야 했는데', '하려고 했는데' 하고 후회합니다. 모험을 하지 않았기 때문이죠."

시간이 지날수록 손해만 나는 주식투자, 점점 더 엉망진창이 돼버리는 결혼생활… 우리는 왜 가지고 있는 것을 내려놓지 못하고 망설일까? 행동경제학자들에 의하면, 이는 얻는 기쁨보다 잃은 쓰라림이 더 크기 때문이다. 이를 손실회피 이론이라고 부른다.

우리는 잠시라고 해도 무언가를 소유하면 그것을 실제보다 더 가치 있게 생각한다. 그래서 그것을 놓아야 할 때 필요 이상으로 힘들어하고 속상해한다. 포커판에서든 회사 경영에서든 손해를 보고도 또 돈을 집어넣는 이유다.

진정한 그릿의 소유자는 이런 상황에서 명확하고 합리적으로 판단할 수 있다. 그들은 상황을 수습할 수 있는 수준에서 손을 뗌으로써 오히려 모든 것을 잃지 않는다.

오늘 실패했는가? 하이파이브!

모험을 하겠다는 결정은 어떤 사람이 되고 싶은지 밝히는 일이기도 하다. 러트거스대학교 철학과 루스 챙 교수는 TED 강연에서 이런 입장 표명을 해보지 않은 사람은 어디에 힘을 쏟고 싶은지 사실상 선택해본 적이 없는 "떠돌이"가 될 것이라고 했다. 그녀는 모험을 할 기회는 "하늘이 준 선물"이라고 이야기한다. "그때부터 자기 인생의 저자가 된다고 말할 수 있습니다."

올바른 방향의 모험을 위한 효과적인 방법 중 하나는 성공한 사람의 실패담을 알아보는 것이다. 보정속옷 전문 브랜드 스팽스^{SPANX}의 창업자인 사라 블레이클리는 직원들이 실패하고 낭패를 본 순간을 축하해준다. 또한 자신의 개인적, 직무상 실수를 거리낌 없이 공유함으로써 직원들이 실수를 극복하고 온전히 회복할 수 있다는 사실을 알게 해준다.

스팽스의 창업자 사라 블레이클리 | 출처_ spanx.com

그녀는 실수에 개방적인 자신의 태도를 아버지의 공으로 돌린다. 그녀의 아버지는 매일 저녁식사 자리에서 자녀들에게 그날 실수한 일을 서로 이야기하게 하고, 모험을 해본 행동을 칭찬하며 하이파이브를 했다는 것이다. 또한 실패 속에서 황금 같은 교훈을 끄집어내도록 배운 덕분에 그녀는 인생에서 나쁜 경험이란 없으며, 모든 경험이 앞으로 어떤 일이 닥쳐도 현명하고 훌륭하게 대비하도록 만들어주는 가르침의 순간이라고 확신하게 됐다. 사라는 인생의 유일한 실패는 행동에 옮기지 않은 것뿐이라고 믿는다.

익스텐디드스테이아메리카Extended Stay America의 짐 도널드 회장도 이례적인 방법으로 직원들이 위험을 감수할 수 있게끔 만들었다. 회사 파산 이후 다시 재기했을 때의 일이다. 대부분의 직원들은 비용이 발생할 수 있는 행동, 예를 들어 고객에게 무료 숙박권을 제공하는 프로모션 등을 꺼려했다. 해고의 두려움 때문이었다.

모험을 회피하는 직원들의 행동은 회사가 창의적인 문제해결책을 내놓거나 혁신적인 비상조치를 취하는 데 방해가 됐다. 도널드는 직원들이 모험을 감수할 수 있도록 책임 면제 카드(밝은 초록색의 진짜 카드다)를 나눠주고, 의사결정을 내려야 할 때 그 카드를 매니저에게 보여주라고 했다. 초록색 카드를 보여주면 책임을 묻지 않겠다는 의미였다.

연습 1 더 적극적으로 모험을 하게 해줄 방법들

'왜?'가 아니라 '왜 안 돼?'라고 자문한다. ────

그릿이 있는 사람들은 선택지만 한없이 들여다보면서 이익과 불이익을 저울질하지 않는다. 그들은 충동적이지도 않지만 완벽한 결정을 내려야 한다는 생각에 빠지거나 일을 진행하기 전에 최대한 상황을 파악하려는 강박에 사로잡히지도 않는다.

성격 강점 검사에서 호기심, 학구열, 비판적 사고 점수가 높은 사람들 중 일부는 모험을 해야 할지 지나치게 고민하고 분석하느라 생각에만 빠져 있었다. 《괴짜 경제학》의 공동저자인 경제학자 스티븐 레빗은 사람들이 중대한 변화를 앞두고 망설여질 때, 그대로 감행하는 것이 좋을 수 있다는 근거를 발견했다. 그는 스스로의 결정이든 동전 던지기든 큰 변화를 가져올 결정을 내린 사례 2만 건을 살펴본 결과 사람들이 항상 그 변화로 인해서 더 행복해졌다는 사실을 알아냈다.

작은 모험으로 시작한다. ────

대단히 큰 성공을 거뒀지만 자신은 그릿이 강하지 않다고 실토하는 사람들도 있다. 남들에게 어려워 보일지 몰라도 그들은 손쉽게 달성할 수 있는 업적을 추구하며 안전하게 살아온 까닭이다.

항상 자신의 능력 범위 내에만 머무르며 승자인 것에 익숙하다면, 감당할 수 있을 만큼의 모험으로 시작해서 두려움, 불안, 들뜬 기분에 익숙해지도록 하라. 머리를 자르고 외모를 완전히 다르게 꾸며보라. 평소 물건을 살 때 지나치게 고민한다면, 너무 오랫동안 고민하지 말고 '적당한 선에서' 결정을 내려라.

　일부 코치들은 신체적으로 힘든 과제를 부여해 이를 가르치기도 한다. 예를 들어 다치지 않도록 번지점프용 로프로 묶고 난이도가 높은 스키 슬로프를 내려가게 하는 식이다. 신체적 모험을 할 수 있다면 감정적 모험을 보다 쉽게 할 수 있으리라는 논리다.

부정적인 사람과 목표를 공유하지 않는다. ──────

UCLA 연구원인 셸리 게이블은 우리의 꿈이나 목표를 호기심과 열정 같은 긍정적 반응이 아니라 부정적인 반응을 보이는 사람들과 공유할 때 포기하게 될 수 있으며, 부정적인 사람에게 제일 먼저 털어놓았을 때는 더더욱 그렇다고 말한다. 41세의 나이에 올림픽 50미터 자유형에서 은메달을 딴 다라 토레스는 역대 최고령 올림픽 메달 수상자가 되겠다는 확고한 의지를 가지고 있었다. 그녀는 그녀가 성공하리라 믿지 않는 사람들과는 자리도 함께하지 않았다.

연습 2　실패의 청산

사람들에게 모험을 하고, 실패가 가져오는 경이로운 결과를 받아들일 준비를 하라고 말하기는 쉽지만, 스스로 실행에 옮기는 것은 별개의 문제다. 인생에서 맛봤던 실패와 좌절의 일부를 더듬어 생각해보고, 거기서 교훈을 얻었다거나, 새로운 관계가 형성됐다거나, 후회는 없게 됐다는 등 그 실패에서 얻은 긍정적인 면을 포함시켜 글을 써본다.

이런 글쓰기를 정기적으로 하거나, 심지어 매일 반성의 일부로 삼는 다면 실패하더라도 언제든 재기할 길을 찾고 다시 살아나갈 수 있다. 모험을 전혀 하지 않는 것이 우리에게 일어날 수 있는 가장 큰 실패임을 기억하라.

13장

얀테의 원칙

과도한 겸손은 오만의 다른 이름이다

몇 년 전, 성공한 사업가 마이클(가명)이 내게 도움을 청했다. 마이클은 20대에 개발한 재무-조직 시스템을 대기업에 매각해 큰 성공을 거두었다. 뜻밖의 횡재 덕에 몇 년을 쉴 수 있었고, 그 동안에 세계를 일주하고 부동산에도 투자하며 마음이 끌리는 대로 생활했다. 가정을 꾸리고, 자녀도 낳았다.

30대에 들어서면서 또 다른 회사를 세우려고 노력했다. 그런데 전혀 진전이 없었다. 그는 새로운 벤처사업에 적합한 인재들을 끌어들이지 못하고 있는 이유를 나를 통해 확인하고 싶어 했다.

오래지 않아 그의 문제를 설명해줄 행동양식에 주목하게 되었다. 마이클은 나와 통화할 때면 그 주에 무엇을 했는지 계속 늘어놓고, 자기 아이디어의 장래성을 정말 확신한다고 했으며, 이전에 얼마나 큰 성공을 거뒀는지 강조했다. 하지만 전화통화로 상담을 진행하면서 구체적으로 어떤 목표를 달성하고 싶은지 질문하면 대답이 준비되어 있지 않을 때가 많았다. 내게 피드백을 요청하는 일도 거의 없었다. 그저 자기 이야기만 떠벌였고, 이를 의식하지도 못하는 듯했다.

나는 마이클이 다른 사람을 만났을 때 대화를 독점하는지, 다른 사람에게도 이야기할 기회를 주는지 물었다. 내 질문에 그는 갑자기 말을 멈췄지만, 내 말을 알아들은 것은 분명했다. 그다음 주에 내게 아주 솔직하게 말해줘서 고맙다는 인사를 했기 때문이다. 그는 아내에게 내 질문을 어떻게 생각하는지 물었고, 누군가 귀띔해줘서 다행이라는 대답을 들었다고 했다.

마이클은 아주 어린 나이에 성공을 거뒀고, 대부분의 사람은 상상도 못하는 갑부 반열에 올라섰다. 주변 사람들은 재무나 사업상 조언을 구하는 외에는 그에게 무슨 말을 해야 할지 모르는 경우가 많았다. 마이클 혼자 한참을 이야기해도 아무도 끼어들지 않을 때가 많았고, 그러다 보니 어디를 가든 이야기를 하는 데 익숙해졌다. 사람들이 그의 의견에 동의하든 않든 그에게 이의를 제기하는 일은 드물었다. 대화가 주로 자선활동이나 투자, 사업상 거래를 좀 도와줄 수 있느냐는 요청으로 흘러갔기 때문이다.

이런 상황이 이어지다 보니 그는 너무 의기양양해져서 다른 사람들에 대한 호기심을 잃었고, 사람들이 그를 대우하는 대로 자신이 그 자리에서 가장 똑똑한 사람이라고 여기게 됐다.

불행히도 지금 그는 오만하다는 첫인상을 사람들에게 남기고 있다. 우리는 새로 만난 사람, 특히 그의 사업에 합류시키고 싶은 사람들이 그가 대화를 독점하고 그들에게는 말할 기회도 주지 않을 때 어떤 느낌이 들겠는지 이야기했다.

마이클은 현재 사업을 추진하면서 봉착한 딜레마가 부분적으로는 다른 사람의 경험에 귀를 기울이고 새로운 생각을 받아들일 기회를 만들지 않기 때문임을 명확하게 알게 됐다. 게다가 직원이 될 수도 있는 사람에게 좋은 인상을 주지도 못했다.

마이클이 변한 것은 본인의 공이었다. 그는 냉정한 자기평가를 거친 후 말을 줄이고 귀를 기울이기로 결심했다. 그 덕분에 나뿐 아니라 모든 사람과의 대화가 보다 즐거워졌다. 그가 물러서서 다른 사람들을 빛나게 만들자 새로운 회사에 대한 비전이 더욱 분명해졌다. 진심으로 그를 좋아하고, 그와 일하고 싶어 하는 인재들이 모이기 시작했고, 1년 후에 그의 회사가 문을 열 수 있었다.

마이클은 당연히 자신이 옳은 답을 안다고 생각하는 대신 보다 나은 결정을 내릴 수 있도록 모두의 의견을 구할 때 팀의 화합이 잘된다는 것을 깨달았다. 사실 모든 개인적인 관계도 좋아졌다.

좋은 기업을 넘어 위대한 기업으로

마이클 이야기의 결말은 리더십이나 성공을 공부한 사람이라면 놀라울 게 없을 것이다. 《좋은 기업을 넘어 위대한 기업으로》의 저자 짐 콜린스는 좋은 기업과 이를 뛰어넘어 위대한 기업으로 변신한 기업 간의 차이를 조사했을 때, 겸손한 최고경영자가 이끄는 기업이 그중에서도 가장 특별하다는 사실을 알아냈다.

겸손한 최고경영자들은 고위 중역진을 소중히 여기고, 그들에게 재량권을 주었으며, 혼자 모든 공을 차지하려고 하지도 않았다. 또한 그들은 열린 마음으로 피드백을 받아들이고, 변화를 요구하는 문제가 발생했을 때 신속히 대응했으며, 자신들이 떠나도 무너지지 않고 오래 건재할 회사로 만들었다.

《샬롯의 거미줄》에서 영리한 거미 샬롯이 '겸손'이라는 단어를 거미줄로 짜내며 돼지 윌버에게 이를 설명하는 장면이 묘사된다. 생쥐 템플턴이 그게 무슨 뜻인지 묻자 샬롯은 "자랑하지 않는 것"이라고 대답하는데, 이 대답은 일부만 맞다.

겸손의 요소를 좀 더 깊이 살펴보면 사회적인 겸손과 지적인 겸손, 두 가지로 구분된다. 사회적 겸손은 정직, 사려 깊음, 성숙함, 이기적이지 않은 마음이 핵심인 반면, 지적 겸손은 호기심, 기꺼이 타인에게서 배우려는 마음, 새로운 생각에 열린 자세로 구성돼 있다. 사회적 겸손과 지적 겸손 두 가지가 합쳐진 것이 성격 강점 연구에서 말하는 겸손이다.

워싱턴대학교 포스터경영대학 연구진은 회사에서 높은 실적을 올린 개인과 팀을 평가했을 때 겸손이 결정적 요소임을 다시 확인했다. (콜린스는 겸손을 위대한 기업을 결정짓는 X요인이라고 이름 붙였다.) 그들은 다른 사람의 말에 기꺼이 귀를 기울이고, 자신의 단점을 인정하며, 어떻게 하면 장차 더 유능한 사람이 될 수 있는지 배우고, 자만심이 아닌 자신감을 갖고 있었다.

겸손은 사업의 성공을 위한 핵심 장점의 하나일 수 있다. 이 연구에서 겸손한 리더의 직원들은 업무에 더욱 집중하고, 리더의 비전을 실현하기 위해 노력하고, 리더의 아이디어를 더 신뢰하고 환영하는 것으로 나타났다.

하버드경영대학원의 니틴 노리아 학장은 리더에게 겸손이 중요한 덕목이라고 증명한 하버드경영대학원의 연구결과에 동감한다. 그는 리더들의 문제해결 방식도 다양하고 인생관도 다르지만, 위대한 리더 모두가 한 가지 결정적인 특성, 자기성찰 능력을 갖고 있다고 했다.

위대한 리더는 사려 깊고, 비판적 피드백을 수용하고, 자신과 타인에게 솔직하고, 피상적 분석에 그치지 않는 능력을 통해 명료한 사고와 지혜를 갖고 자신 있게 단호한 행동을 취한다. 그러는 사이 그들은 유능한 리더십의 롤모델이 되어 다른 사람들로부터 존경을 받으며, 어려운 시기에 특히 진가를 발휘한다.

위험 부담이 크고 목표도 높이 설정된 상황에서 겸손이 중요한 또 다른 이유를 보여준 연구도 있다. 사람들은 자신이 이용당하지 않을 거라고 느낄 때 서로 유대를 형성하며, 협조할 가능성도 높아진다. 겸손은 이를 가능하게 만드는 '사회적 윤활유'로, 자기 본위의 이기적인 행동을 할 확률을 낮춰준다. 이는 직장에만 해당되는 이야기가 아니라 운동과 결혼생활에서도 마찬가지다.

언뜻 생각하면 납득이 안 될 수도 있지만 겸손은 용기를 필요로 한다. 겸손한 사람은 열린 마음으로 자기개선을 지향하며, 더 나은 사람이 되기 위해 기꺼이 피드백을 추구하기 때문이다. 실제로 구글이 최고의 관리자들을 조사했을 때 비판적 피드백을 요청하고 그에 대한 조치를 취한 이들이 가장 높은 평가를 받았다.

이는 운동선수들도 마찬가지다. 겸손한 선수들 가운데 최정상급 선수가 많은 것으로 나타났다. 그들은 결코 승리를 당연시하지 않고, 실패를 무릅쓰고 도전하고, 실패를 통해 배우며 더 훌륭한 선수가 될 수 있도록 한다. 베일러대학교 심리학과 부교수인 웨이드 로와트 박사는 상대 선수들을 존중하고 경기 중에 점잖게 행동하는 선수들이 경기를 할 준비가 더 잘된 이들이라고 주장한다. 겸손함 언행 덕에 은퇴 후에 평판이 가장 좋은 선수들도 이들이다.

자수성가했다는 말을
어떻게 할 수 있는가?

겸손한 사람은 자신이 받은 도움에 감사하며, 자신을 도와준 사람들을 잊지 않는다. 주니어 베르나르는 아이티에서 태어났다. 9남매의 첫째인 그는 고향을 기억할 때 "개들도 삐쩍 말랐다"고 표현했다. 그의 고향은 너무나 가난했고, 사람들은 굶주림이 일상이었다.

전자제품 수리로 생계를 꾸렸던 아버지 덕에 주니어는 미국영화를 볼 수 있었다. 그가 본 영화에서는 사람들이 출근이나 결혼 같은 신나는 일을 하고 있었다. 미국에 가고 싶다는 꿈을 꾸기 시작한 건 그쯤이었다. 쓰레기통에서 영어사전을 발견한 주니어는 본격적으로 영어를 공부하기 시작했다. 영어 몇 마디를 직접 말해보면 실력이 늘 것이라는 희망에 관광객들을 따라다녔다.

이웃과 다른 아이들은 빈곤의 늪에서 탈출하겠다는 주니어의 꿈을 비웃었다. 끔직하고 절망적인 일을 겪기도 했다. 아이티를 떠나 미국으로 가겠다는 희망을 그와 공유했던 가장 친한 친구는 알코올과 마약에 빠졌다. 오랫동안 알고 지내온 친구 한 명은 고등학교 졸업반 등록금으로 저축한 돈을 훔쳐가기도 했다. 결국 주니어는 학교를 중퇴해야 했고, 그가 꿈꿔온 나라로 갈 방법을 도무지 찾을 수 없다는 절망감에 빠졌다.

빌리 바와 인연을 맺게 된 것은 행운이었다. 아이티 보건의료재단에 자원봉사자로 온 빌리 바는 주니어에게 통역 자리를 제안했다. 바는 매일 불볕더위가 계속되는데도 새로 다림질한 옷을 입고 통역뿐 아니라 자원봉사자들과 함께 지치지도 않고 땀을 뻘뻘 흘리며 일하는 주니어의 모습에 주목했다. 그러면서도 주니어는 불평 한 번 하지 않았고, 많은 아이티 젊은이가 그러듯이 특별한 부탁을 하지도 않았다.

하루는 바가 주니어에게 해를 가리라고 야구 모자를 선물했다. 그런데 주니어는 업무규정상 누구에게서 어떤 것도 받을 수 없다면서 거절했다. 신기해진 바는 재단 일에 관여하고 있던 수녀들에게 주니어에 대해 좀 더 알아봤다. 주니어가 미국에 가서 교육받기를 꿈꾼다는 이야기를 전해들은 바는 아내에게 편지를 써서 자신들이 그를 도우면 어떻지 의향을 물었다. "이렇게 똑똑한 청년이 돈이 없어서 가난의 수렁에 빠져 있다면 애석한 일이 될 거야."

그로부터 오래지 않아 뉴저지에 사는 바의 가족에 합류하게 된 주니어는 마냥 행복했다. 대단히 불리한 입장임에도 불구하고 그는 하루에 겨우 2시간만 잠을 자고 검정고시를 준비했다. 미국에 도착한 지 6개월 만에 주니어는 고졸 검정고시를 통과했고, 4년 전액 장학금을 받고 알버니아대학교에 진학했다.

주니어는 만나는 사람마다 자신의 사연과 새로 얻은 조국과 꿈을 이룰 기회에 대해 열정적으로 이야기해줌으로써 영감을 주었다. 2013년 졸업생 대표로 연설대에 선 주니어는 모두 큰 꿈을 꾸고, 그 꿈을 열정을 갖고 추구하라는 답사를 유창한 영어로 발표했다.

주니어는 인터뷰에서 겸손에 대해 내가 전혀 생각하지 못했고, 누구에게서도 들은 적 없는 측면을 예리하게 지적했다. 그는 미국에 온 이후 자주 들은 구절에 대해 이의를 제기했다.

"누구든 자수성가했다는 말을 어떻게 할 수 있는지 저는 이해가 안돼요. 저를 도와준 많은 분들이 없었다면 저는 아무 것도 이루지 못했을 거예요. 그들은 제가 먹을 것도 없을 때 저를 먹여줬고, 미국인과 이야기하고 싶을 때 통역 일을 하게 해줬고, 미국으로 데려와서 집에서 살게 해줬죠. 이렇게 도와주는 분들 없이 어떻게 뭐든 이룰 수 있겠어요? 어떻게 혼자 힘으로 성공할 수가 있어요?"

어떻게 '기버'가 정상에 오르는가?

애덤 그랜트는 펜실베이니아대학교 와튼스쿨의 전설이다. 3년 만에 정년보장 교수직에 올랐고, 성공과 창의성에 대해 혁신적인 방식으로 연구하고 있기 때문이다. 그의 첫 번째 책 《기브 앤 테이크》는 열정적으로, 자주 남에게 베푸는 '기버Giver'가 '테이커Taker'와 '매처Matcher'와 달리 정상에 오르는 이유를 살펴본다.

테이커는 당연히 자신을 홍보하는 데 집중하며, 자신이 빛나 보이기 위해 못할 일이 없다. 남을 이용하는 것은 물론이고 도덕 원칙까지 무시한다. 이런 행동의 대표적인 예가 '윗사람에게는 아부하고 아랫사람은 짓밟기'다.

그랜트는 책에서 어째서 엔론의 켄 레이가 전형적인 테이커이며 거짓 그릇의 소유자인지 설명하면서 비록 거짓이라도 호의적인 찬사를 듣고 싶어 하는 그의 욕구에 관한 웃기는 일화를 들려준다.

1988년 월스트리트 애널리스트들이 어떻게 엔론이 이윤을 창출하고 있는지 알아보기 위해 방문했다. 레이는 그들에게 좋은 인상을 주기 위해 빌딩 한 층을 빌려 사무실을 꾸미고, 직원들에게 배정받은 책상에 가족의 사진을 갖다 놓게 하고, 애널리스트들이 지나가는 동안 에너지 관련주를 사고파는 통화를 하는 척하라고 지시했다.

반면 기버는 겸손하다. 그 겸손함 덕분에 투지를 필요로 하는 목표를 달성하는 경우가 많다. 그랜트의 설명에 따르면 기버는 기회가 닿는 대로 다른 사람들을 만나 그들의 필요를 알아내고, 그런 다음에는 뭐든 도움을 주려고 하는 사람이다. 그의 베풂에는 아무런 조건이 없으며, 그가 이렇게 베푸는 것은 모든 사람이 성공에 유리한 입장에 놓여야 한다고 믿기 때문이다. 기버는 누군가의 인생에 영향을 미친 것 자체를 보상으로 여긴다. 또한 남들을 도움으로써 친선을 도모하며, 인기와 긍정적 평판까지 얻게 된다. 이를 통해 그가 무언가를 해내야 할 때 필요한 지지를 얻어낼 수 있다.

테이커는 대체로 오만한 편이다. 그들은 기버에 비해 도움을 내밀 가능성이 낮다. 심리학자 조지 필드먼의 연구에 따르면 겸손한 사람은 자신의 부족한 점을 더 정확히 인식하고, 자신의 한계도 함께 고려하는데, 이는 타인에 대한 이해심이 바탕이 되기 때문이라고 추정했다.

"자기 자신의 한계를 인정하면 타인의 필요에 공감할 수 있게 됩니다. 그러면 이타적인 행동을 하기 쉬워지죠. 이는 다시 상호이타적인 행동을 발전시켜 이타주의자와 사회에도 유익한 다른 이점을 저절로 가져오게 됩니다."

과도한 겸손

믿기 어렵겠지만 과도한 겸손은 부족한 겸손만큼 해로울 수 있다. 내가 만난 최고경영자들 중에는 겸손이 5대 성격 강점 중의 하나지만 적당한 겸손이 아니라 자신을 지나치게 낮춰서 직원들에게 치이기까지 했던 이들이 있었다.

켄(가명)은 사회성이 부족한 청년이었다. 풍부한 기술 지식 덕분에 신생 벤처기업의 수장으로 선택받았지만 자본을 댄 벤처투자자들이

임명한 중역들을 상전처럼 모셨다. 권위자를 존경하라는 오랜 가르침 때문이었다.

켄의 성격 강점은 겸손과 팀워크, 공정성이었다. 이 성격 강점들은 그를 동네북 신세로 만들었고, 바늘방석에 앉은 것처럼 괴로웠다.

처음으로 중역 회의에 함께 들어가 앉아 있는 동안 내가 지켜본 광경은 대단히 놀라웠다. 중역들은 무례하고 모욕적인 언사로 켄의 말에 반대했고, 눈을 부라렸다. 켄이 말을 끝내기도 전에 말을 자르거나 끼어들기까지 했다.

자신 외의 모든 사람을 인정해주고, 팀워크를 위해 중역들과 상의해서 결정을 내리고, 불공평해 보이지 않도록 자신보다 중역들에게 더 많은 연봉을 주었던 켄의 성향은 그를 공정한 사람이 아니라 나약하고, 우유부단하며, 비생산적인 리더로 비춰지는 결과를 낳았다.

켄의 성격 강점이 사실은 어떻게 그의 행복과 성공을 해치고 있는지 확인한 후, 그는 중역들과의 관계를 재확립하기 시작했다. 선을 확실히 그음으로써 중역들로부터 보다 존중받을 수 있었고, 중역들은 생산적으로 회의에 참여하게 됐다. 그들과 우호적인 동료가 된 것이다. 팀워크도 눈에 띄게 좋아지면서 회사의 수익까지 급증했다.

지나치게 겸손한 남성 리더도 여럿 봤지만, 이는 여성 리더에게 보다 흔한 문제다. 겸손이 성격 강점이 아닌 여성 리더도 이런 문제를 겪는다. 〈경영학회보〉에 실린 한 연구는 실수를 인정하고, 아랫사람의 강점을 칭찬해주며, 모범을 보이는 리더들은 자신과 조직의 성장을 예측해준다고 보고했다.

이 연구의 주장에 의하면 이런 리더들은 어떻게 하면 초인이 아니라 인간으로 유능할 수 있는지 모범을 보이며, '가식'이 아니라 '본연의 모습'을 보이는 것을 정당한 것으로 인정한다. 그런데 문제도 있다. 겸손한 리더십은 백인 남성에게 유익한 경향이 있으나, 나이가 적거나 유색인 또는 여성 리더들이 겸손할 경우에는 능력을 증명해보이기를 끊임없이 요구당한다.

또한 여성 리더는 남성 리더보다 겸손하기를 요구받지만, 겸손하게 행동하면 능력을 의심받는다. 연구자 중 한 명인 브래들리 오웬스는 "우리 연구결과는 여성 리더들이 이러지도 저러지도 못하는 딜레마에 빠진다는 사실을 보여준다"고 지적했다. "그들은 강한 리더인 동시에 겸손한 여성이기를 요구받는다."

겸손의 중시는 또 다른 난제를 야기한다. 세계에서 행복지수가 가장 높은 스칸디나비아 국가들에는 '얀테의 원칙'이라고 불리는 고유한 문화와 사고 때문에 테이커와 셀카 그릿 소유자에 대한 뿌리 깊은 혐오가 팽배해 있다. 자기 자랑과 과대 포장을 삼가라는 이 원칙은 약 80년 전 덴마크의 소설가 악셀 산데모제가 어릴 적 알던 마을을 소재로 한 소설에서 마을의 규범으로 묘사한 것이다. 그곳에서는 개인의 성장보다 모두의 이익을 중시된다.

열 개의 규칙으로 구성된 얀테의 원칙은 '네가 다른 사람보다 낫다고 생각하지 마라'로 요약할 수 있다. 오늘날 많은 덴마크인이 얀테의 원칙을 지나친 경제적 모험과 자기과신을 막는 긍정적 대비책으로 생각한다. 하지만 이를 창의성과 근면함을 막는 장벽으로 여기는 스칸디나비아인도 점점 늘고 있다.

덴마크에서는 오랫동안 이어져온 얀테의 원칙과 사회적 악영향에 반대하는 목소리가 점차 높아지고 있다. 닐스 릴레룬은 이렇게 지적한다. “덴마크인은 독창적인 사람, 근면한 사람, 주도적인 사람, 성공하는 사람, 특출한 사람을 길러내지 않는다. 우리는 희망도 없고, 무력하고, 신성한 보통 사람을 만들어낸다.”

노력과 탁월함의 증진에 아무런 도움이 되지 않는 강요된 겸손이 미국에서 확산되고 있다. 이런 현상은 최근 일부 고등학교에서 모든 졸업생이 동등하다고 느낄 수 있도록 우수 졸업생에게 명예학생단체의 휘장을 착용하지 못하게 한 사례에서도 알 수 있다.

2016년 6월 맬라스 근교의 부촌에 자리한 플레이노고등학교에서는 ‘졸업생들은 명예학생단체 휘장을 착용할 수 없다’는 결정을 내렸다. 학업성적이 뛰어나며 지역 봉사활동에 앞장선 학생에게 수여되는 이 휘장이 착용자를 ‘특별하게’ 보이게 할 수 있다는 이유에서였다.

많은 학교가 한 걸음 더 나아가 최우수 졸업생 선발을 아예 없애거나 수십 명을 최우수 졸업생으로 호명한다. 노스캐롤라이나의 한 교육위원회는 성적표에서 등급을 없애고 ‘cum laude’(우등) 같은 라틴 문자로 표시하는 방안을 승인했는데, “경쟁은 건전하지 않기” 때문이라고 한다.

겸손을 가장해 우수성을 인정하지 않는 사회를 만드는 것이 어떻게 긍정적인 결과를 가져오겠는가? 탁월함이 목표라면 더욱 그렇다. 탁월함을 지향하지 않으면서 어떻게 그릿을 요구하는 어려운 일을 배울 수 있겠는가?

　진정성이 결여된 겸손에는 또 한 가지 종류가 있는데, 바로 겸손한 척하며 은근히 자랑하는 것이다. 나는 매일 페이스북에서 자신의 행운에 감사하는 듯한 글("스트레스 대처법에 대한 안내서로 왜 제 책이 선택했는지 모르겠지만 오늘 방송에 나가게 된 저를 위해 기도해주세요!")이나 자녀의 성과를 은근슬쩍 발표하는 글("오늘 안전요원 근무도 아니었는데 우리 애가 우연히도 수영장에서 점심을 먹다 한 아이의 생명을 구했답니다!")을 보고 빙그레 웃는다.

진정한 겸손

딱 적당한 수준의 상태를 골디락스 상태라고 부른다. 《골디락스와 곰 세 마리》라는 동화에서 따온 이 말은 겸손에 관해서도 유효하다. 겸손이 진정한 그릿을 육성하는 데 미치는 영향을 다룬 논문을 보면 겸손의 이점을 최대로 누리기 위해서는 딱 적당한 수준의 겸손이 필요하다는 것을 알 수 있다.

　진정한 겸손은 타당한 이유에서 나온 적절한 수준의 겸손이다. 그런 겸손이 호기심, 관대함, 취약성, 비판적 피드백에 대한 개방성, 성장 의지와 결합될 때 그릿을 타오르게 하는 연료가 된다. 진정한 겸손을 갖춘 후에야 비로소 앞에 놓인 도전과제를 진중히 고려하고, 다른 사람의 안내를 받아 준비할 수 있다.

이제 겸손한 당신은 이기적이지 않은 행동으로 지지자들을 얻고, 다른 사람들도 빛을 발하기를 바란다. 좌절 앞에서 안달하는 대신 당신의 한계를 이해하고 더 발전하고 싶다는 바람을 갖는다. 돋보이기를 두려워하지 않지만, 자존심을 지탱하기 위해서 세간의 이목을 끌려고 하지도 않는다. 마지막으로 롤모델이 져야 하는 무게를 이해하지만 그 왕관을 즐거이 쓴다.

연습 1 겸손해지는 방법

셀카를 SNS에 많이 올리고 있다면 일주일 이상 중단하고 어떤 기분이
드는지 세심하게 평가해본다. ────

셀카를 자주 올리고 근황을 게시하는 사람들은 소속감과 의미평가에
서 낮은 점수를 받으며, 좋아요 수에 따라 자존감이 오르내린다는 연
구결과가 있다. 그래도 꼭 SNS를 써야겠다면, 사람들이 호감을 갖는
것으로 밝혀진 반려동물과 친구, 풍경 사진을 게시하라.

최소한 하루는 자신에 대한 이야기를 하지 않고 다른 사람과 그들의 목
표에 관심을 두겠다는 목표를 세운다. ────

그들이 가장 달성하고 싶은 일을 들어보고 당신이 도울 일이 있는지
알아본다. 애덤 그랜트가 《기브 앤 테이크》에서 설명한 기버가 되라.

당신이 달성하려는 일에서 당신보다 나은 사람에게 비판적 피드백을 받
는다. ────

그저 당신의 비위를 맞추고 당신의 자존심을 어루만져줄 사람에게는
부탁하지 마라. 당신의 기술과 행동을 크게 향상시켜줄 구체적인 피드
백을 구하라.

당신이 목표를 이루는 데 도움을 준 사람에게 진심어린 감사의 편지를
쓴다. ────

겸손의 근간은 당신의 성장에 중요한 역할을 해준 사람을 인지하고 그

들에게 감사를 표하는 것이다. 감사의 표현은 모든 성공의 선행요소인 행복감도 증진시키는 긍정적인 효과가 있다.

연습 2 다른 사람의 성과를 광고하라

진정한 그릿을 가진 사람들의 훌륭한 장점 가운데 하나는 다른 사람들을 지지해주고 너그럽게 대함으로써 사람들에게 다리를 놓아준다는 점이다. 다른 사람의 성과를 광고해줄 수 있는 정도로 겸손해질 수 있는 방법 한 가지는 그들이 무엇을 어떻게 달성했는지 알아낸 다음 다른 이들에게도 알리는 것이다.

다른 사람의 좋은 소식이 궁금하고 좋은 소식에 신이 날 수 있을 때 이를 '적극적이며 건설적인 반응'이라고 한다. 우리가 그들의 좋은 소식을 공유하고 그들의 성공을 재연하게 해줄 때 그들은 이를 '자산으로 삼고' 나아가 행복감을 느끼게 된다. 그러므로 이것이 아직 당신의 역량이 아니라면 그 방법을 습득하도록 하라.

누군가를 인터뷰해서 그가 거둔 가장 큰 성과가 무엇인지 알아본다. 그 성과가 왜 그에게 의미가 있는지, 어떤 성격 강점을 발휘했는지, 그 성과로 말미암아 어떤 일이 있었는지 찬찬히 알아낸다. 호기심을 갖고 '무엇'과 '어떻게'라는 질문을 반복해 최대한 깊이 파고든다. 그런 다음

그의 이야기를 다른 사람과 공유하고, 그가 다른 사람의 눈에 빛나 보

이도록 전달자 역할을 해주는 동안 어떤 느낌이 들었는지 주의를 기울

인다. 세간의 주목을 공유하기가 힘든가? 그 이유는 무엇인가? 다른

사람을 홍보해주면서 행복감을 느끼는가? 또 무엇을 느꼈는가?

14장

계속하는 힘

미루는 습관을 극복하는 끈기의 기술

토머스의 체육관은 편한 삶에 익숙한 메릴랜드의 부자 동네에서 보게 되리라고는 예상하기 힘든 체육관이다. 쉽게 눈에 띄는 프랜차이즈 체육관들이 일정한 수업료를 내고 몇 개월에 한 번씩 승단 시험을 치르면 검은 띠를 쉽게 내주는 것과 달리 토머스의 체육관에서는 수년에 걸친 힘든 수련을 통해서만 승단할 수 있다. 승단에 정해진 기한도 없다.

체육관의 설립자이자 사범인 그는 낡고 지저분한 저소득층 아파트 단지에서 살았던 어릴 적부터 35년간 무예를 닦아왔다. 생부에게 버림받았지만 어머니와 새아버지와 함께 단란한 가정에서 행복하고 안전하게 자란 토머스는 인내의 보상을 보여주는 전형적인 예다.

열한 살부터 등교 전에 신문을 돌렸던 토머스는 꾀를 피울 줄 몰랐고, 맡은 일을 끝냈다. 10대 시절에는 어머니에게 허락을 받아 극장 안내원부터 호텔 연회 서빙, 웨이터까지 다양한 아르바이트를 하면서도 성적이 떨어지는 법이 없었고, 고등학교를 졸업할 때까지 세 종목의 스타 선수였다.

역시나 밤낮으로 여러 군데에서 일했던 그의 부모(새아버지인 클리미는 아파트 단지의 관리인으로, 어머니인 샌드라는 미수금 계정 관리와 지역사회활동을 포함해 다양한 일을 했다)는 힘든 소리 한 번 하지 않고 불굴의 의지를 보여준 롤모델이었다.

그의 부모가 수입을 늘리기 위해서 집 근처 사무실의 야간 청소를 시작했을 때 토머스도 돕겠다고 고집을 부렸다. 부모가 한 건물에 그를 내려주고 다른 건물로 가면 그는 기를 쓰고 청소를 끝내서 다 같이 최대한 빨리 일을 마치고 집으로 돌아갈 수 있도록 했다.

토머스는 스물한 살이 되던 해에 여자친구인 타니타가 임신했다는 소식을 듣고는 자신의 책임을 부모에게 떠넘기지 않기 위해 더욱 열심히 일했다. 수입은 빠듯했고 둘이 생활을 해결할 가능성은 낮았지만 아파트를 얻어 독립했고, 수입이 좋은 교도관으로 취직한 뒤 추가 근무를 최대한 많이 했다. 버는 족족 저축을 해서 독립된 가정을 꾸리고 딸아이에게 안정적인 생활을 제공할 수 있도록 했다.

토머스는 무슨 일이든 시작한 일은 확실히 끝내는 직원으로 점차 평판을 쌓아갔다. 또한 스테로이드나 경기력 향상을 위한 어떤 약물의 사용도 허용하지 않는 보디빌딩 대회에서 우승하면서 피트니스 모델로도 이름을 알리기 시작했다. 덕분에 그는 피트니스 코치로 전업할 수 있었고, 나중에는 콩그레셔널 컨트리클럽에 스카우트됐다. 토머스는 컨트리클럽 피트니스센터에서 가장 인기 있는 극기훈련 프로그램을 만들었다.

토머스는 마침내 일궈낸 안정된 생활과 명성에 안주할 수도 있었다. 하지만 무술에서 얻은 교훈을 전수하는 새로운 일에 집중하기 시작했다. 무술은 그에게 끈기와 그릿이라는 너무나 훌륭한 기반을 마련해줬다. 그가 살았던 지역 사람들에게도 그 가르침이 정말로 필요하다고 생각했다.

규율을 강조하고 기본 동작이 반복되는 210분의 수련에서 토머스는 끊임없이 자세를 교정하고, 사람들은 모든 지적에 대답하며 정중하게 인사를 해야 한다. 토머스의 진짜 목표는 사람들에게 모든 영역에서 무도인으로 사는 법을 가르치는 것이기 때문이다. 그는 이렇게 설명했다.

"무도인으로 살기 위해서는 차원이 다른 절제력과 집중력, 끈기가 필요합니다. 저는 그것들을 바탕으로 저소득층 아파트를 탈출해서 목표를 이뤘고요. 무예는 사람을 겸손하게 만들고, 당신이 더 높은 유단자라 하더라도 더 낮은 유단자가 당신보다 잘하는 것이 있을 수 있으며, 그로부터 배울 수도 있다는 것을 가르쳐줍니다. 여기서는 끝이란 없습니다. 인생과 마찬가지로 어려운 일이라고 포기할 수는 없습니다."

토머스의 성공 비결은 큰 목표를 세우고 끈기를 발휘할 때 무엇이 효과적인지 밝혀준 연구결과들과도 일치한다. 그는 저소득층 아파트를 벗어나겠다는 목표를 세웠다. 어릴 적 어머니가 그를 차에 태우고 해변 휴양지에 가서 대저택들을 보여줬을 때 세운 목표였다. 그는 "반짝이는 어머니의 눈을 보고 어머니 자신만큼이나 저를 위해 꿈꾸는 일이라는 느낌을 받았습니다"라고 당시를 회상했다.

"어머니는 제 열정을 점화시켜줄 일들을 알게 해주셨고, 제가 무엇을 위해 노력할 수 있는지 자각하게 해주셨습니다. 저를 데리고 바다도 보여주셨어요. 우리 동네에는 바다를 본 사람이 아무도 없었는데 말이죠! 어머니는 다양한 계층과 인종의 사람들과 친구가 되셨어요. 출신 배경과 상관없이 누구와도 관계를 맺을 수 있다는 것을 제게 보여주셨죠. 어머니는 제게 열심히 일하고 포기하지 않는 자세를 가르쳐주셨고, 제가 스포츠인과 무술인 곁에 있으면서 품위와 겸손함을 지닌 사람이 될 수 있는 도구를 습득하게 만드셨습니다."

악전고투에 능한 그릿

왜 폴 토머스 같은 사람들은 유리한 조건에서 태어나지 않았는데도 불구하고 개인적 성취를 위해 열심히 노력하고 성공하는 길을 찾을 수 있는가? 이 질문은 오랜 세월 철학자, 심리학자, 동기부여 강사들에 의해 연구되어왔다.

심리학자 윌리엄 제임스는 왜 많은 사람이 자신의 잠재적 장점을 활용하지 않고 시들어가는 반면 특정인들은 남들보다 성공의 길을 파고들 수 있는지 알아보자고 동료 학자들에게 요청했다. 제임스는 〈사이언스〉

에 동료들에게 보내는 글을 다음과 같이 썼다.

"인간은 대개 자신의 한계에 훨씬 못 미치게 살아간다. 다양한 능력을 지니고 있지만 으레 이를 활용하지 못한다. 사람들은 최대 이하의 힘을 쓰고 최고 이하의 행동을 한다…. 자신의 최대치에 미치는 못하는 것이 습관이 된다. 안타까운 일이다."

크리스토퍼 피터슨은 계속 성장하는 사람은 '악전고투'에 능하다는 말을 즐겨 한다. 우리 모두가 알다시피 인생은 난관으로 가득하다. 거창한 목표를 골랐을 때는 더욱 그렇다. 하지만 그릿이 없는 사람과 있는 사람의 차이는 평소에 열심히 노력하고 집중력이나 평정심, 열정을 잃지 않고 어려움을 극복하는가, 즉 악전고투하는가에 있다. 그릿을 기르고 싶지만 불편과 실패, 만족지연을 건설적으로 활용하지 못한다면 이 조건들을 담담히 받아들일 길을 반드시 찾아야만 한다.

그릿 연구에서 얻은 가장 흥미로운 결과는 그릿이 강한 사람도 그릿이 약한 사람만큼이나 어려운 일을 싫어한다는 사실이다. 다만 강한 그릿의 소유자는 원하는 목표에 도달하려면 힘든 일을 대가로 치러야 한다는 사실을 받아들이고, 이를 해낼 방법을 찾을 뿐이다.

무하마드 알리는 이런 말을 남겼다. "나는 훈련의 모든 순간이 싫지만 '포기하지 마. 지금 고생하고 남은 평생을 챔피언으로 사는 거야'라고 내게 말합니다." 스펠링비 진출자들을 대상으로 한 연구에서 최종 라운드까지 올라간 학생들은 컴퓨터로 낱말 게임을 하거나 부모님에게 퀴즈를 내달라고 한 아이들이 아니라, 혼자 낱말과 그 어원을 공부한 아이들이었다. 성취욕이 강한 이 아이들은 단어를 완전히 습득하려면 혼자 책을 펼치고 앉아서 한눈팔지 않고 필요한 시간을 들이는 법 외에는 선택의 여지가 없다는 사실을 그냥 받아들였다.

마이클 펠프스의 유일한 수영 코치였던 밥 바우먼은 펠프스의 전설 적인 성적에는 특별한 비결이 없다는 말을 즐겨 했다. 그는 펠프스가 18세가 될 때까지 단 한 번도 빠지지 않고 수영장에 나와서 요령을 피 우지 않고 '일상화된 탁월함'의 기초를 쌓았다고 지적한다.

언더아머는 2016년 리우 올림픽을 앞두고 "조명을 받기까지 어둠 속에서 거쳐야 하는 시간들"이란 카피와 함께 펠프스를 포함한 올림픽 챔피언들의 훈련 모습을 담은 연작 광고를 내보냈다. 그들은 아침, 점 심, 저녁 세 차례의 살인적인 훈련을 받으러 추운 수영장에 꼬박꼬박 나오는 펠프스와 다른 챔피언들의 투지가 '셀카 그릿'이 아니라는 사실 을 알아챈 것이다.

언더아머 연작 광고 중 마이클 펠프스 편 | 출처_ 언더아머

미루는 습관과 이를 극복할 방법들

그릿의 소유자들이 목표를 달성하려고 노력하는 동안 해야 할 일 중 한 가지는 미루는 습관을 극복하는 방법을 배우는 것이다. 각종 전자 기기가 우리의 신경을 분산시키는 까닭에 최근 몇 십 년간 미루는 습관이 악화되고 있기 때문이다. 연구자들은 "부정적 결과를 예견할 수 있는데도 불구하고 자발적으로 행동을 늦추는" 미루는 습관이 어떻게 생기며, 이와 싸우기 위해서 무엇을 할 수 있는지 이해하기 위해 애써 왔다.

목표달성을 방해하는 미루는 습관을 극복할 가장 간단하고 다수에게 효과가 있는 기법 중 하나는 미루기를 고려조차 하지 않는 사고방식을 익히는 것이다. 한 요가 강사의 인터뷰 기사를 읽고 이 접근법을 처음으로 알게 되었다. 그녀는 살면서 이런 저런 일이 많을 텐데 어떻게 수년간 매일 수련할 시간을 낼 수 있었는지 질문을 받자 이렇게 대답했다. "수련을 하지 않는다는 생각조차 하지 않으니까요."

'실행 의도' 기법도 미루는 습관과 싸우는 데 유용한 전략이다. 피터 골비처에 의해 처음으로 제안된 실행 의도 기법은 환경 단서를 행동촉발장치로 쓰는 기법으로, '~하면 ~할 것이다'의 형태를 취해 조건부 계획으로도 알려져 있다. 예컨대 '5시가 되면 강아지를 산책시킬 거야' 또는 '운동화를 신으면 5분 안에 집에서 나가는 거야' 같은 식이다.

이런 조건부 계획은 미리 자신과 합의를 해뒀기 때문에 목표달성으로 이어질 가능성이 높다. 이런 '행동 계약'이 성공하는 것은 할지 말지

고민하는 데 쓰일 에너지를 절약하고, 미루거나 의도를 실행에 옮기지 않을 기회를 없애버리기 때문이다. 요가 강사도 '수련을 하게 될지 의심이 들기 시작하면, 더 이상 그 생각을 하지 않을 거야' 같은 일종의 조건부 계약을 자신과 맺지 않았을까?

수년간 미루는 습관에 관해 연구하고 글을 써온 칼턴대학교 티모시 피칠 교수는 미루는 습관의 중심에는 그 순간에 즐겁고 싶은 욕구가 있으며, 이에 굴복하면 나중에 더 기분이 나빠지고 자신의 성격 결함처럼 여겨져 괴로워진다는 문제가 있다고 주장한다. 어떤 사람들은 해야 할 일에 집중하는 대신에 운동을 하면서 사실 뭔가 긍정적인 일을 하고 있다는 '도덕적 보상'으로 일시적 위안을 삼기도 한다. 하지만 그들의 행동 역시 당면한 어려운 과제의 달성을 막는다.

사람들이 일을 미루는 주된 이유의 하나는 '번거로운 상황의 예견', 즉 과제를 시작하면 현재 가진 시간과 에너지가 소모될 것이라는 예상이다. 번거로운 상황의 예견을 물리칠 가장 성공적인 기법은 타이머를 설정하고 10분만 과제를 하자고 스스로에게 이야기하는 것이다. 거의 언제나 10분이면 당신은 고비를 넘기고 올바른 방향으로 나아갈 수 있다.

일을 미루고 싶은 유혹을 느낄 때 바로 시작하게 해줄 또 다른 방법은 지연 행동을 하기 어렵게 만드는 것이다. 예를 들면 과자를 눈에 잘 보이는 곳에 두는 대신에 찬장에 넣어두는 식이다. 작가들은 글이 막혔다고 하면서 미루는 일에 익숙한데, 수 세기 동안 이에 대한 수많은 해결책이 제시되어왔다. 빅토르 위고의 경우에는 매일 정해진 양만큼의 글을 다 쓸 때까지 낮에 입을 옷을 옷장에 넣고 잠가버렸다고 한다.

이 주제를 연구해온 티모시 피칠, 피어스 스틸, 알렉산더 로젠탈이 제안하는 방법은 목표를 달성한 미래의 모습을 생생하게 상상하고 그때 느끼게 될 긍정적인 감정에 집중하는 것이다. 이 접근법이 효과적인 것은 미루는 습관을 가진 사람들은 '일시적 근시안'에 빠지는 경향이 있기 때문이다.

대부분의 사람들은 장기목표를 효과적으로 달성하는 법을 계획할 줄 모른다. 따라서 미래 시점과 원하는 긍정적 감정을 떠올리게 하면 일을 미루려는 충동적인 결정을 무시하게 된다. 장거리 사이클 선수인 마리아 파커는 조금씩 목표를 높여가며 상상하고 마음속으로 작은 축하를 함으로써 몇 시간이고 끈기 있게 경주를 이어간다고 한다. 그녀는 내게 이렇게 설명했다. "'다음 도로의 보도블록이 깨진 곳까지 가자.' 이런 식으로 혼자 작은 목표들을 설정하고 그곳에 도달하면 '야호!' 또는 '좋아, 힘내자!' 이러면서 달리는 거죠."

우리가 하는 말과 듣는 말의 힘

심리언어학 분야의 연구자들은 말이 우리의 태도와 행동에 미치는 영향을 검토한다. 한 연구에서는 게임의 이름 자체가 태도와 행동에 큰 영향을 미친다는 결과를 내놓았다. 사람들이 '월스트리트 게임'이라는 이름의 게임을 할 때 '공동체 게임'이란 이름의 게임을 할 때보다 협동심이 떨어졌다는 것이다.

스포츠심리학의 한 연구에서는 뇌가 포기하라고 하기 전까지는 몸이 포기하지 않기 때문에 뇌에서 '그만 하겠어', '더 이상은 못 가겠어'라는 말이 자리 잡는 순간 몸도 따라간다는 사실을 발견했다.

폭식증 극복 12단계 프로그램에서 사용하는 구호의 단어들은 매일매일의 싸움을 참고 버텨내고 있는 알코올중독자나 다른 중독자들에게도 도움이 됐다. 프로그램에 참가한 사람들에게는 "한 번에 하루씩", "감사의 자세", "서두르지 않기" 같은 구호가 꽤나 익숙하다. 그들은 이 익숙한 구호들이 옆길로 빠지고 싶은 유혹을 느낄 때 이겨내는 큰 힘이 된다고 이야기한다.

프로농구 선수였던 한 남자는 약혼자가 자살한 뒤 몇 개월 동안 농구도 그만두고 사람들도 피했다고 고백했다. 그는 삶에 대한 열정을 결코 되찾을 수 없으리라는 두려움을 느꼈다. 하지만 삶의 길잡이를 얻기 위해 성경 공부를 하던 어느 날, 자신이 용기를 갖게 해준 구절마다 "일어나라!"는 말이 포함되어 있다는 사실을 문득 깨달았다. 이를 깨닫자마자 그를 끈질기게 괴롭혔던 우울증을 떨치고 일어나서 현실 세계로 돌아올 수 있었다.

이처럼 남들에게는 예사롭겠지만 본인에게는 특별하게 와 닿는 구절을 발견한다면, 당신도 남들이 아닌 자신만의 그릿 '통로'를 알아낸 것이다.

이 책의 전반부에서 소개했던 캐롤 드웩의 연구에서 고정형 사고방식과 성장형 사고방식을 가진 아이들이 구분되었으며, 성장형 사고방식이 그릿이 강한 사람들에게 나타나는 공통된 특성으로 밝혀졌다는 사실을 기억하는가? 드웩은 거기서 한 걸음 더 나아가 '아직'이라는 간단한 단어의 사용만으로 난관에 직면했을 때 끈기가 강화되었다는 연구결과를 내놓았다.

예를 들어 아이에게 "이 수학 문제는 '아직' 정확히 맞히지 못했구나"라고 말을 해주면 '아직'이라는 한 단어가 결국에는 그 문제를 풀게 되리라는 가능성에 마음을 열게 해준다. 그녀는 '아직'이라는 단어의 사용으로 수많은 다른 미래가 전개될 가능성에 눈을 뜨게 해줬을 때 아이들의 투지가 강해지고, 열정과 창의성, 희망도 높아졌다는 사실을 발견했다. '아직'이라는 단어로 사고방식을 바꿀 수 있다면, 회복탄력성과 끈기를 끄집어낼 수 있는 단어와 구절이 얼마나 많겠는가!

긍정적인 단어가 긍정적인 결과를 만들어내는 힘을 가지고 있듯, 부정적인 이야기로 당신의 마음을 채우도록 내버려둔다면 시작도 하기 전에 노력을 그만두게 만들 수 있다. 언젠가 위대한 골프 선수 잭 니클라우스가 악천후에서 경기를 해야 했을 때 다른 선수들과 겪었던 일을 들은 적이 있다. 그는 악천후에 대한 선수들의 반응이 그날의 경기 성적을 예측해주더라고 했다. "불평하는 선수를 보면 '오늘 저 친구는 경기를 망치겠구나'라고 저 혼자 속으로 생각하고 가위표를 쳤죠."

뛰어난 실적을 자랑하는 한 자동차 영업직원은 구내식당이나 정수기 주위에 사람들이 모여 있으면 그곳에 가지 않겠다고 직감적으로 판단했다고 했다. "동병상련이라고, 사람들이 모여 있을 때는 분명 불평을 하고 있을 텐데 부정적인 기분이나 말에 저까지 전염되고 싶지 않았거든요. 그러면 차를 팔지 못할 테니까요." 그의 말이 옳다. 부정적인 단어로 채워진 대화 장소를 지나치기만 해도 사람들의 사고방식이 달라질 수 있다.

당신의 마음과 생각을 통제하는 것은 그릿을 성장시키는 열쇠임이 분명하다. 다행히 그 기술들은 원하는 사람 누구든 배울 수 있다.

가상 상황에서의 경험

NFL의 선수에게는 모든 유형의 그릿이 필요하다는 주장에 반박할 사람은 없을 것이다. 극심한 경쟁과 압박스러운 환경에서 정신력과 체력을 극대화하려면 선수의 사고방식이 대단히 중요하다.

캐롤라이나 팬서스의 쿼터백 조시 노먼은 이런 현실에 독창적이고 재미있는 방식으로 대응하여 머리기사를 장식했다. 슈퍼스타였던 노먼은 시합을 앞두고 어떤 세리머니를 할지 한참씩 고민한다. 그는 영화 속의 슈퍼히어로 또는 용감한 인물을 따라할지 결정한 다음 주제가, 대본 등의 자료를 검토해 최대한 많은 정보를 수용한다.

한 시합에서는 〈글래디에이터〉에서 러셀 크로우가 연기한 막시무스를 따라하며 말을 타는 세리머니를 한 적도 있고(이때는 지나친 세리머니를 했다는 이유로 벌금을 물었다), 〈트로이〉의 아킬레스 흉내를 내기도 했다. 노먼은 상대 팀 선수들이 짐작도 못할 기발한 세리머니를 경기마다 새롭게 선보이며 자신의 열의와 열정을 이어가고 있다.

노먼의 행동은 상황을 가정하며 힘든 일을 하도록 스스로를 설득하는 사람들에게는 익숙한 것이다. 내가 합기도를 갓 시작했을 때 관장은 수강생 모두에게 "검은 띠 유단자처럼 걷기"를 지시하며 그래야 기량이 빨리 발전한다고 말했다. 섭식장애를 극복했던 12단계 프로그램에서도 같은 전략을 알려줬다. 케이크를 억지로 쥐어주는 결혼식장 같은 곳에서 어떻게 대처해야 할지 확신이 없을 때마다 "몸이 움직이면 마음도 따라가게 되어 있다"는 말을 들었다. '마치' 폭식증을 극복한 사람의 몸속에 들어간 것처럼 행동하면 내 마음이 나를 그 사람처럼 볼 가능성이 높고, 유익한 결과를 가져올 거라고 했다.

목표에 도달할 때까지 내가 원하는 성격 강점을 갖고 있는 척 가장하는 방법은 그때도 효과가 있었고, 다른 힘든 상황에서도 계속 효과가 있었다. 10여 년 전 남편은 내게 최고로 멋진 경험을 선물했다. 바로 메릴랜드대학교 농구팀의 마스코트인 거북이 의상을 입어볼 기회를 준 것이다.

모든 사람에게 신이 날 일이 아닌 줄 알지만, 거북이 의상을 입고 있던 동안 나는 무척이나 신이 났고 유익했다. 그 의상을 입은 상태에서는 하고 싶은 대로 해도 괜찮을 것 같았다. 나는 유치하고, 즉흥적이고, 터무니없는 짓을 마음껏 했다. 관중들에게 다가가 대머리들을 쓰다듬으며 주변 사람 모두가 킥킥거리는 모습을 구경했다. 치어리더들이 있는 코트 중앙으로 내려와 그들이 칼 같이 박자를 맞춰 춤을 추는 동안 팔다리를 허우적거리며 등껍데기를 마구 흔들어댔다.

우리가 경험하고 싶은 인격을 큰 불이익 없이 적당한 위험만 감수하고 시도해볼 수 있다면 어떨까? 바로 그런 기능을 해주는 가상현실 프로그램들이 등장하고 있다. 가상현실 프로그램은 다양한 영역에서 자극에 대한 사람들의 반응을 바꿔줌으로써 스트레스를 받는 상황 또는 성공에 필요한 행동을 해줘야 할 상황에서 감정이나 주변 상황에 휘둘리지 않고 최적의 방식으로 행동할 수 있게 도와준다.

USC 창의기술연구소는 전투에 파견될 병사들을 훈련하기 위한 가상현실 프로그램을 개발했다. 병사들은 안전한 가상현실에서 정신적 외상을 남길 수 있는 사건을 미리 경험하고, 스트레스에 대한 정서적 반응을 처리하는 법을 지도받아서 회복탄력성을 기른다.

가상현실을 통해 그릿을 길러주는 행동들을 '시연'해보고, 그 경과를 생생하게 경험함으로써 인내심과 의지력, 열정, 투지가 향상된 상태로 현실로 돌아올 수 있게 되는 것이 내가 꿈꾸는 미래의 모습 중 하나다.

실패가 탄생시킨 해리 포터

그릿이 강한 사람들에게는 실패가 끈기의 원동력이 될 때가 많다. 머릿속에 맴도는 실패 경험을 벗어나기 위해 앞으로 나아가게 만들기 때문이다. 한 연구에서는 실제로 목표를 달성하지는 못했지만 거의 달성할 뻔했을 때 뇌의 보상처리 체제가 작동된다는 사실이 밝혀졌다.

가치 있는 일을 추구하다 실패한 경험은 목표에 대한 끈기를 키우는 결과를 실제로 가져올 수 있다. 이는 대단히 많은 사업가가 처음 설립한 회사가 망한 뒤 지혜와 기력을 회복하고 결국에는 성공하는 이유를 설명해준다. "칠전팔기하라!"는 옛말을 연구결과가 실증적으로 뒷받침해주는 것이다.

2008년 하버드대학교 졸업식 축사에서 조앤 롤링은 졸업생들에게 '실패의 이점'을 알려줬다. 그녀의 결혼생활은 대학 졸업 7년 만에 파탄 났고, 노숙자에 가까운 형편으로 갓난아기를 키우는 '어마어마한 실패'를 맛보았다. 하지만 실패에 굴하지 않는 그릿의 소유자답게 그녀는 실패를 원동력 삼아 진정한 자신의 열정을 추구했다. 바로 소설을 쓰는 일이었다.

"저는 더 이상 허세를 부리지 않고 제 자신을 직시하게 되었으며, 제가 가장 중요하다고 생각하는 한 가지 작업에 제 모든 에너지를 쏟을 수 있게 되었습니다. 만일 제가 다른 분야에서 성공을 거뒀더라면 진정 제가 원하는 분야에 온 힘을 쏟으려는 생각조차 하지 않았을 것입니다. 제가 자유로워질 수 있었던 것은 가장 큰 두려움이 현실이 되었기 때문입니다. … 밑바닥을 봤기 때문에 그 위에 제 인생을 다시 세울 수 있었습니다."

아침형 인간과 저녁형 인간

그릿을 지닌 사람은 생산적일 수 있는 모든 기회를 활용한다. 그들은 미루는 습관을 극복하고, 필요한 순간에 열심히 노력하고, 좌절을 통해 배우며, 경험을 통해서 어떻게 최상의 결과를 얻는지 학습하고 강해질 수 있는 방법들을 찾아낸다.

행동경제학 연구로 노벨경제학상을 수상한 대니얼 카너먼은 시간 대에 따라 사람들의 기분이 어떤지, 기분과 시간의 상관관계가 실제로 있는지 소위 '일주기 리듬'을 연구했다. 사람들은 대부분의 부정적 감정을 하루가 시작되는 시간에 느끼지만, 가장 기운이 넘치고 유능하다고 느끼는 시간대도 아침이라는 사실을 발견했다. 기운차고 유능하다는 느낌은 정오에 정점에 도달했다가 잠자리에 들 때까지 감소한다. 성공한 사람들은 일찍 일어나는 이들이 많으며, 최고경영자들을 조사한 연구에서도 대다수가 아침형 인간이라고 지적한 것은 놀랍지 않다.

《1만 시간의 법칙》의 저자 안데르스 에릭슨은 세계적인 바이올리니스트들이 아침에 가장 힘든 연습을 한 다음에 휴식을 취한다고 했다. 그들은 점심시간 전후 연습시간까지 합쳐서 총 4시간 30분 정도 집중해서 연습을 하고 하루를 마무리한다. 그들은 낮잠을 자고 식사를 비롯한 다른 행동에 마음을 쏟음으로써 기운을 회복한다. 체스 선수, 운동선수, 과학자, 화가, 작가를 대상으로 한 연구에서도 같은 이야기가 나왔다.

몇 번으로 나눈 짧고 집중적인 연습이 단지 최대의 노력이라는 면에서만 바람직한 것은 아니다. 대니얼 코일은 《탤런트 코드》에서 짧고 집중적인 연습은 뇌신경세포를 감싸는 미엘린myelin을 증가시키며, 그것이 행동이 학습되고 몸에 베이는 방식이라고 주장한다. 현재의 기량을 보강한다는 작은 목표를 세우고 현명하고, 확고하게, 집중적으로 연습하면 신경경로가 생성돼 그 행동을 기억하고 반복하기 쉽게 만들어주고, 나아가 습관처럼 자동으로 나오게 해준다는 것이다.

술이라는 악마를
조심하라

앞에서 언급한 칼린 파입스는 도전과제에 직면했을 때 처음으로 보였던 반응은 "아니, 저건 안 할 거야"였다고 고백했다. 하지만 서른한 살에 술을 끊은 이후로는 '아니'라는 첫 반응 뒤에 작은 목소리가 들려온다고 했다.

"작은 목소리가 제게 이렇게 속삭이죠. '넌 할 수 있어. 두려울 게 뭐야? 오늘 네 실력은 어때, 칼린?' 하지만 도전과제 앞에서는 머리가 깨질 듯해서, 깨진 도자기를 붙이듯이 한 조각, 한 조각씩 붙여줘야만 하죠. 항상 '그래'라는 대답에 도달하기는 하지만, 한 번에 한 낱말씩, 한 번에 한 스트로크씩 조금씩 해나가야 합니다. 술에 빠져 살았을 때는 '아니'라고 반응하고는 술을 마셨어요. 하지만 지금은 제 자신을 진흙덩어리처럼 어떤 형태로도 만들 수 있다고 생각해요. 가마에 넣어 구워보지 않는다면 어떤 그릇이 될지 결코 알 수 없겠죠."

파입스는 알코올이 끈기에 미치는 영향에 관해 중요한 문제를 제기를 한다. 앞에서 언급한 대로 로이 바우마이스터는 자기조절에 관한 연구에서 알코올은 자기파괴적 행동을 차단해줄 모든 장벽을 허물기 때문에 목표달성에 가장 방해가 되는 요인이라고 했다. 필요한 순간에 자신에게 "안 돼"라고 말할 수 없다면, 올바른 목표를 설정하고, 올바른 사고방식을 갖고, 투지를 북돋우기 위한 모든 사전 작업까지 하더라도 의미가 없을 것이다.

자이가르닉 효과

그릿 소유자들은 달성하지 못한 목표가 사람을 끌어당긴다는 자이가르닉 효과를 강하게 느낀다. 이론을 정립한 블루마 자이가르닉은 식당의 웨이터들이 아직 손님이 주문한 음식을 다 내가지 않았을 때는 주문내용을 자세히 기억하지만 음식을 전부 내간 뒤에는 방금 식탁에 올려준 주문내용도 기억하지 못한다는 사실에 주목했다.

자이가르닉은 작업을 수행하던 사람이 완결됐다고 간주한 목표는 그가 계속 목표를 추구하게 만드는 동기가 되지 않는다고 정리했다. 하지만 목표를 중단하지 않은 사람들은 마음 한편에 그 일이 자리 잡기 때문에 그 문제를 어떻게 해결해야 할지 궁리하고, 적합한 자원을 찾고, 새로운 작업 방식을 찾는다.

원고가 잘 안 써지면 문장을 절반쯤 쓴 상태에서 작업을 끝냈다가 다시 시작하라는 조언을 받은 적이 있다. 원고를 쓸 때 그 조언이 많은 도움이 됐다. 전날의 생각과 데이터를 다시 모을 필요도 없이 바로 집필에 들어갈 수 있기 때문이다. 작업을 시작하기까지의 모든 장벽을 제거해주는 것처럼, 미루는 습관을 피하는 데도 분명 도움이 된다.

자이가르닉 효과가 왜 장기목표를 수립하고 열정을 불태우는 이들에게 특히 효과가 있을까? 먼저, 그 일을 하는 '이유'가 확실하고 어려운 일을 해내겠다는 내재적 동기도 있다면 끝내지 못한 일에 본능적으로 다시 끌릴 것이다. 자이가르닉 효과가 강력한 또 다른 이유는 사람들이 자신의 목표를 무난히 이룰 거라고 예상할 때, 즉 기대도 크고 자기효능감도 높을 때 그 일을 완결 지으려고 자꾸 시도하기 때문이다.

어떤 목표를 달성하겠다는 동기가 정말로 강한지 판단할 확실한 기준은 '끝내지 못한 일에 열정과 호기심, 흥미를 계속 느끼는가?'이다. 그렇지 않다면 당신에게 맞지 않는 목표에 투지를 불태우고 있는지도 모른다.

연습 1 끈기를 기르는 방법들

당신의 환경에 그릿이 강한 사람들을 편입시켜라. ———

진정한 그릿의 소유자를 일상적으로 만날 방법을 찾는다. 그릿은 전염성이 있는 특성이다. 테네시주 하페스고등학교의 미식축구팀 감독은 이라크 전쟁 참전용사인 케빈 다운스가 코치로 오면서 선수들의 성격에 변화가 일어났다며 "그가 코치를 맡은 뒤로 투덜대는 선수들이 줄었습니다"라고 말했다. 전쟁에서 겨우 목숨을 건졌지만 부상으로 76시간에 걸친 대수술을 받은 다운스가 코치로 부임한 후 생긴 놀라운 변화였다.

비슷한 목표를 추구하는 사람들과 함께하라. ———

운동선수들에 관한 연구에서 조정과 육상 선수들은 함께 훈련할 때 따로 훈련할 때보다 속도와 힘이 향상된다는 아주 흥미로운 결과를 얻었다. 다른 사람에게 책임을 다해야 할 때 그 일을 완수할 확률이 높으며, 치열하고 긍정적인 영향을 주고받는 환경은 모두에게 이득이 된다. 어쨌든 "밀물이 모든 배를 띄운다"고 하지 않는가? 근면한 사람과 함께 있기만 해도 생산적으로 바뀐다는 증거도 있다, 일을 끝내기 위해 도서관과 커피숍으로 몰려드는 사람들이 그렇게 많은 것도 이 때문이다.

바람직한 인물인 척 가장하라. ———

조시 노먼이 흉내 낼 페르소나를 설정하고 힘든 경기에 임하듯, 그릿이 강한 사람인 척하고 끈기가 강한 사람처럼 행동해보라. 당신이 되고 싶은 사람처럼 행동하도록 계속 스스로에게 상기시켜보라. 역사는 우리에게 매우 많은 선택지를 줬다. 우리가 달성하려는 어려운 목표가 무엇이든 적절한 롤모델과 대본을 찾아내는 데 전혀 어려움이 없을 것이다. 어떤 사람들은 확신이 없을 때 "예수라면 어떻게 했을까?"라고 흔히 자문하는데, 그 질문의 이면에 있는 원칙도 바로 이것이다.

스스로 내기를 하라. ———

큰 목표의 달성을 위한 유인책, 특히 금전적 유인책은 다양한 상황에서 효과가 있는 것으로 밝혀졌다. 목표가 힘들 때는 더욱 효과가 있다.

난관을 극복한 이야기를 듣는다. ———

당신이 처한 환경이 역경을 극복하면서 회복력을 기르고 실패에서 교훈을 얻은 이야기를 듣고 축하하는 분위기라 아니라면? 그런 환경을 만들어라! 유명인의 회고록이나 자서전에서 역경을 이겨내고 업적이나 승리를 일궈낸 이야기를 쉽게 찾을 수 있다.

가상현실을 통해 당신의 새로운 가능성을 경험해본다. ———

기술 발달 덕분에 우리가 현실에서 해볼 수 없는 일을 가상현실에서 실행해보면서 우리 뇌에서 어떤 재미있고 흥미로운 변화가 일어나는지 알아가고 있다. 예를 들어 한 연구에서는 10년간 집 밖에 나가지 못했던 광장공포증 환자에게 세컨드라이프Second life라는 게임 속에 각종 파

252

티와 모임에 참석하는 아바타를 만들게 했다. 심리 치료로도 증상이 개선되지 않았던 환자는 게임 속 아바타와 강한 일체감을 느끼면서 광장공포증을 극복할 수 있었다.

이는 바람직한 인물인 척하기와 기본적으로 같은 방법이다. "아바타가 타인과 상호작용하는 방식을 바꿔준다고 믿을 근거는 충분합니다." 스탠퍼드대학교 가상현실상호작용연구소의 제리미 베일렌슨 소장은 아바타가 우리의 평소 역량을 넘어서는 가상 상황이나 경험 속에서도 진정한 감정과 반응을 촉발할 수 있기 때문에 효과가 있다며 이렇게 설명했다.

연습 2 그날 힘들었던 일 3가지 정리하기

긍정심리학의 제안으로 많은 사람이 활용하고 있는 기법들 중의 하나는 일과를 마치며 그날의 행운을 생각함으로써 감사와 행복감을 증진시키는 것이다.

같은 맥락에서 나온 '세 가지 힘든 일' 기법은 그날 가장 힘들었던 일 세 가지를 열거하는 것이다. 한 연구에 의하면 우리는 매일 일과를 끝내면서 그날 한 일 중에서 힘들었던 일을 돌이켜 생각해보는 것이 우리의 자신감과 지배 경험을 쌓아준다고 한다. 우리가 자신에 대해 자신감과 통제력을 느낄 때 소중한 목표를 끝까지 추구할 가능성이 더 높다. 그러므로 이 기법을 매일 밤은 아니더라도 규칙적으로 써볼 만하다.

오늘 당신이 한 일 중에서 가장 힘들었던 일 세 가지를 써보자. 무엇 때문에 그 일들이 힘들었으며, 어떻게 그 일들을 해냈는지, 당신이 발휘한 성격 강점을 포함해서 설명해본다.

15장

시간의 가치

조급함이 우리를 나약하게 만들고 있다

어느 날이었다. 리앤(가명)이 내게 전화를 걸어왔다. 새로 설립할 회사의 사업계획서를 담은 가방을 들고 샌프란시스코 거리를 걷던 중이었다고 한다. 그녀는 실리콘밸리의 한 사업가에게 추천을 받았다며, 시간이 없으니 바로 시작했으면 좋겠다고 말했다.

"여기서는 모두 서른이 되기 전에 회사를 세워요. 그리고 저는 몇 개월 후면 서른이고요." 그녀가 이야기를 시작했다. "제 웹비즈니스 계획은 반드시 성공할 겁니다. 그런데 저는 사업을 진행하지 않아야 할 이유만 찾고 있어요. 지금 하지 않으면 절대 못 할 건데도요."

리앤의 사업 계획과 사업에 대한 동기가 얼마나 강한지 좀 더 설명을 들은 후 나는 그녀를 돕기로 했다. 그녀는 자신의 혁신적인 접근법이 사람들에게 가치 있는 일이라고 믿었고, 열정도 있었으며, 일단 시작하면 책임감 있게 위험도 감수하고 끝까지 목표를 추구해서 성공할 사람 같았다. 그리고 정말 성공했다. 리엔은 서른이 되기 전날 회사 설립 서류를 접수했고, 그로부터 1년도 안 돼서 디자인박람회와 경제전문지, 심지어 국제경제정상회담에까지 등장하게 되었다.

과거 세대라면 장차 무엇을 하며 살아갈지 고민을 시작했을 나이에 리엔처럼 성공해야 한다는 조바심을 내는 청년들이 더 이상 드물지 않다. 대학을 졸업하기도 전에 설립한 회사를 수백만 달러에 매각한 사람들의 이야기가 들려오는 지역이라면 그 조바심은 더욱 심해진다.

중국 속담에 이런 말이 있다. "순간의 인내가 대참사를 막아줄 수 있다. 하지만 순간의 조바심은 평생을 망칠 수 있다." 리엔이 서른 살 생일을 기한으로 잡은 것처럼 기한을 정해두고 일을 추진하는 경우라면 어느 정도의 조바심이 유용할 수 있다. 하지만 잘못된 목표를 이루려고 의욕만 넘치고 목표를 추구하는 데 중요한 만족지연 의사가 없다면 위험한 조바심이 될 수 있다.

일반 상대성 이론 100주년에
그릿이 가져온 쾌거

진정한 그릿의 소유자가 설정하는 목표는 단기목표가 아니므로 인내의 미덕이 길러진다. 멀리 내다보고 세운 그들의 포부가 몇 개월 안에 달성되는 일은 아주 드물다. 아인슈타인의 상대성 이론 마지막 부분인 중력파의 존재를 증명하는 데 매달려온 과학자팀을 예로 들어보자. 아인슈타인의 이론이 선보인 지 100년이 되던 해인 2015년 9월, 소수의 과학자가 10억 광년 밖에 있는 두 블랙홀이 충돌하면서 발생한 중력파를 역대 최고 성능의 중력파 검출기로 감지해냈다.

2016년 2월 11일 캘리포니아공과대학이 이 획기적 소식을 발표했을 때, 레이저 간섭계 중력파 관측소에서 이 연구를 진두지휘했던 책임자들은 은퇴 연령을 훌쩍 넘긴 나이였다. 한 명은 70대, 다른 두 명은 80대에 한 명은 치매였다.

중력파 발견의 의의를 이해하는 사람들은 들떴다. 프로젝트에 참여했던 컬럼비아대학교 사볼 마카 교수는 "물리학의 획기적 발견으로 오랫동안 남으리라고 생각한다"고 말했다. 그 소식을 방송으로 들었거나 신문에서 읽은 다른 사람들은 "소름이 돋았다"거나 "흥분됐다"고 묘사했다.

스마트폰으로로 당장 피자 주문해!

낙담과 지연, 실패 가능성으로 채워질 것이 분명한데도 과학 이론을 증명하는 데 일생을 바치는 일은 즉각적인 만족의 추구가 일반화된 요즘에는 납득하기 힘들다. 리엔의 세대는 모든 것을 즉시 손에 넣고, 쉽게 달성하면서 성장한 탓에 도무지 기다리는 법을 알기 어렵게 됐다. 궁금한 것이 있으면 스마트폰으로 답을 찾는다. 식당에서 줄을 서거나, 직접 커피를 사거나, 세탁을 하거나, 식료품을 사기 싫다면 스마트폰 앱이나 서비스를 이용해 개인적인 불편이나 쓸데없는 기다림을 다른 사람에게 손쉽게 위탁할 수 있다. 말 한 마디 하지 않고 피자를 배달하는 것도 가능하다.

여론조사기관인 퓨리서치센터는 〈인터넷과 미국인의 생활〉 프로젝트에서 '과도하게 네트워크에 접속하고 있는' 35세 이하 성인의 삶은 심각한 단점이 있다고 지적하며 "즉각적 만족의 요구는 인내심의 상실 등과 같은 부정적 영향을 발생시킨다"고 보고했다.

영상이 재생되기를 기다릴 수 있는 시간도 급감했다는 연구결과도 있다. 2초가 지나면 사람들은 기다리기를 멈추며, 30초 후에는 컴퓨터 사용자의 80퍼센트가 모든 노력을 그만둔다.

한 연구자는 "'즉각'에 대한 기대가 점점 빨라지고 있다"고 말하면서 사람들이 다운로드를 하다가 콜센터에 전화했을 때 대기로 넘어갈 경우 기다리기보다 전화를 끊는 것으로 밝혀졌다고 했다.

즉각적인 즐거움을 추구하는 추세 때문에 이제까지 즐거움과 보상을 얻는 활동으로 간주돼온 활동들을 수고처럼 느끼는 사람들도 많아졌다. 스마트폰 게임처럼 즉각적인 오락거리가 독서 욕구를 누른 것이 대표적이다. 미국인들의 저축률도 역대 최저치를 기록했다. 1982년에 가처분 소득의 9.7퍼센트를 저축하던 데서 2012년에는 3.6퍼센트로 떨어진 것이다. "우리는 더 이상 장기적인 일을 생각하지 않게 되었습니다." 지출을 추적하고 지출액이 줄었을 때 축하 메시지를 보내는 앱 서비스를 제작한 필 프리몬트–스미스의 말이다.

생산성을 다룬 베스트셀러 《나는 4시간만 일한다》는 우리가 천재성을 발휘하는 일이 아닌 어떤 일에도 시간을 허비해서는 안 되며, 다른 사람이 보다 쉽고 경제적으로 할 수 있는 과제와 불쾌하고 따분한 일은 위임하는 것이 우리가 더 많은 일을 끝내고, 더 많은 돈을 벌고, 더 많은 여가시간을 갖게 해주므로 낫다는 생각을 널리 퍼뜨렸다.

이런 생각이 이어지면서 파워포인트 작성, 회계, 작문 등 상상 가능한 대부분의 일을 위탁해 최소한의 시간에 쉽게 해결해주는 업워크Upwork나 이랜스elance 같은 웹사이트들이 출현하기에 이르렀다. 사실 내게 코칭을 받은 사업가나 최고경영자 중 비상시에 이런 유형의 서비스를 이용해서 즉시 문제를 해결한 경험이 없는 사람은 한 명도 없는 듯하다.

아웃소싱하거나 위임할 수 없는 일에 시간을 쓰는 편이 낫다고 여기는 리엔이나 다른 고객들처럼 특정 유형의 조바심은 실행에 박차를 가하게 하는 긍정적인 기능을 하는 경우도 있기는 하다. 하지만 현재 우리의 문화는 무엇이든 기다리거나 힘든 일은 다른 사람에게 맡길 수 있으므로 굳이 할 필요가 없다는 믿음을 우리에게 불어넣는다. '퀵quick'이나 '이지easy' 같은 단어를 쓰는 서비스가 얼마나 많은가? '슬로우slow', '하드hard' 같은 단어가 붙은 상품이 팔리겠는가?

이제 모든 열망이 사라졌는가?

어느 날 오후 워싱턴DC의 식당에서 동료와 함께 점심식사를 하면서 요즘 사람들의 인내력 부재를 다룬 연구와 인간의 평균 주의집중시간이 금붕어보다 1초 짧다는(사람은 7초, 금붕어는 8초) 사실에 대한 대화를 나누고 있었다. 그때 그녀가 갑자기 아련한 눈길로 어릴 적 이야기를 들려줬다. 인내가 한 사람의 인생에 어떤 영향을 미칠 수 있는지 핵심을 찌르는 이야기였다.

"2학년 때 자주 갔던 장난감 가게에서 본 비싼 인형을 사달라고 부모님께 졸랐어요." 그녀가 말했다. "부모님은 제가 저금을 하면 연말 전에 살 수 있겠다고 알려주셨죠. 그래서 6개월 치 용돈과 틈날 때마다 집안일을 돕고 받은 용돈까지 몽땅 저금해서 마침내 그 인형을 살 돈을 마련했어요. 어머니와 함께 가게에 가서 지갑을 열고 저 혼자 힘으로 저축한 돈을 가게 주인에게 건네면서 얼마나 신이 났던지 지금도 생생히 기억나요. 저도 너무 자랑스러웠고 그 인형도 너무 좋았는데, 부모님이 제 부탁을 듣고 바로 사주셨다면 그만큼 좋아하지 않았을 것 같아요."

그녀의 이야기를 듣는 동안 내가 아이들에게 반복적으로 했던 실수들이 떠올랐다. 레고, 간식, 게임을 사달라는 아이들에게 스스로 돈을 마련해서 사라거나 나중에 사주겠다고 하지 못하고 굴복했던 적이 얼마나 많았던가? 어떤 때는 징징거리거나 대드는 아이들을 상대하기가 귀찮다는 게으름 때문에 굴복했다. 어떤 때는 아이들이 행복해하는 모습을 보고 싶어서 굴복하기도 했다. 원하는 물건을 얻은 만족감이 몇 시간, 며칠 이상 지속되지도 않는데 말이다.

아이들이 자랐을 때 즉시 해결되지 않는 일에 종종 조바심을 냈던 이유가 급속한 기술의 확산과 손쉬운 방법을 부추기는 사회 탓만은 아니었을 것이다. 내가 지갑을 열면 아이들의 불만스러운 모습이 사라진다는 것을 알기에 그 모습을 그냥 지켜보는 불편함을 내가 참지 못했기 때문이기도 했다.

우리가 자녀에게 원하는 것을 얻을 때까지 인내하고 기다리라고 가르치는 것은 아이들에게 몇 십년간 고액의 배당금이 나올 주식을 양도해주는 것과 마찬가지다. 아이폰을 살 돈이나 여행경비를 저축하는 것처럼 미래에 대비하는 법을 배울 때 낙관성과 열망이 생기며, 이는 그것을 얻었을 때 만족감을 증가시킨다. 5단계가 아니라 2단계 만에 구워지는 케이크가 됐건, 온라인에서 두 번의 클릭으로 구입한 램프가 됐건, 구매자는 어렵게 구할 필요가 없었던 물건을 살 때 더 불만을 느낀다는 보고도 있다.

예의 바른 프랑스 아기와
버릇없는 미국 아이들

무언가를 기다리면 그것의 가치만 올라가는 게 아니다. 즉각적인 만족에 굴복하면 결국에는 맞이할 불편한 감정을 받아들이는 법을 배울 수 없다.

퍼버식 수면교육에서는 자녀가 갓난아기일 때부터 이를 가르쳐야 한다고 주장한다. 1980년대 중반에 인기를 얻은 이 수면법은 쉽게 잠들지 못하는 까다로운 자녀의 방을 찾는 횟수를 줄이라고 조언한다. 아기가 스스로를 달래는 법을 익히게 하라는 것이다. 프랑스 부모들은 아이의 잠투정, 전화통화 방해, 식사시간의 떼쓰기 등의 문제와 매일 씨름하는 미국 부모가 의아스럽기만 하다. 《프랑스 아이처럼》의 저자 파멜라 드러커맨은 프랑스 부모들이 '그들이 하고 싶은 대로 하는' 미국 아이들의 모습을 보고도 믿지 못한다고 말했다. 《자녀교육의 붕괴》의 저자 레너드 삭스 박사는 인내심이 부족한 '버르장머리 없는 아이'가 나오는 데는 부모들이 자녀에게 자제력과 어른과 규칙을 존중하는 법을 가르치지 못한 탓도 있다고 주장한다.

지금의 청소년과 청년들에게는 자신의 감정을 인내하고, 어려운 일들도 시간과 함께 지나가며, 어쩌면 장기적으로는 예상하지 못한 영역에서 좋은 결과를 가져다줄지 모른다고 이해하는 일이 유독 어려운 과제다. 최근 몇 해 동안 자살이 증가하고 있으며, 많은 심리학자가 그 이유를 즉각적인 만족과 손쉬운 해결책에 익숙해진 일부 사람들이 자신의 슬픈 감정이 영원하리라고 믿는 탓으로 돌린다.

인내심을 기르기가 다른 사람들보다 유독 어려운 아이들이 있다. 나는 어려서 ADHD 진단을 받았는데, 이는 10대 시절에 폭식증에 쉽게 빠진 이유의 하나이기도 했다. 폭식증은 원하는 대로 먹고도 뚱뚱해지는 대가를 치르지 않고 빠져나갈 수 있는 마법처럼 보인다. 하지만 '거의 마법 같은 해결책'에는 항상 모종의 대가가 따른다. 결국에는 나도 섭식장애와 타고난 충동을 극복하기 위해 배고픔과 감정을 인내하는 법을 배워야만 했다.

당신을 앞으로 끌어줄 목표만 있다면 즉각적인 만족을 추구하는 습관을 억제할 수 있다. 내 경우에는 음식에 지배당하지 않는 성공적이고 건강한 여성이 되고 싶었고, 폭식하고 억지로 토하거나 설사를 유도하는 등의 자기파괴적인 행동을 피하기 위해 필요한 조치라면 뭐든 날마다 실천했다.

날마다 나를 실천하게 해주고, 30년째 다시 재발되지 않게 해준 방법들이 현재 연구결과들로 뒷받침되고 있다는 사실을 나중에야 알게 됐다. 하루아침에 장기적 결과를 얻기를 기대하는 대신 24시간 단위로 살고, 바람직한 행동을 기준으로 하고, 감사하는 마음을 길러주는 공동체의 일원만 된다면 인내심은 길러진다고 입증되었다.

끊임없이 쏟아지는 자극

다행스럽게도 나는 어떤 지속적인 노력과 집중도 어렵게 만드는 개인 맞춤형 기술이 쏟아지기 전인 1980년대 중반에 폭식증에서 벗어나기 시작했다. 지금은 문화 전반에 걸쳐 즉각적인 자극들이 널려 있어서 자신이나 자녀의 그릿을 기르려는 사람은 힘겨운 도전에 직면하게 된다.

텔레비전을 예로 들어보자. 뉴스 화면 하단 또는 측면에 스크롤 자막이 계속 지나가서 우리는 무슨 소식이 논의되고 있고, 다음 몇 분 동안은 무슨 소식이 논의될지 항상 안다. 그리고 지금 시청하는 프로그램이 마음에 들지 않으면 리모컨만 누르면 즉시 수백 개의 다른 채널로 바뀐다. 당신이 응원하는 야구팀이 이기고 있는지 당장 확인하고 싶은데 채널이 바뀌는 1,000분의 몇 초도 기다리기 힘들면 주 화면 속에 다른 채널을 작은 화면으로 띄워놓고 두 프로그램을 동시에 볼 수 있다.

당신이 좋아하는 프로그램의 등장인물이 어떻게 변해가는지 또는 줄거리가 어떻게 전개되는지도 이제는 방영시간을 기다려가며 시청할 필요조차 없다. 넷플릭스에서 정기적으로 〈하우스 오브 카드〉 같은 프로그램의 전 시즌 방영분을 한꺼번에 제공해주기 때문이다. 몰아보기가 가능해지면서 '비시즌제 정서장애', '몰아보기 후 불안감'이라는 장난스러운 신조어까지 생겼다.

한때 내가 빠졌던 폭식증이 후회와 후유증만 남겼듯이, 한자리에서 여러 회, 심지어 한 시즌 방영분을 시청했다고 고백한 사람들의 61퍼센트가 시청 후에 슬픔, 공허감, 의미 있는 목적의 상실감을 경험했다고 말했다.

만약 텔레비전 시청으로 조바심이 생기지 않는다면 전화를 걸어보라. 어느 회사에 전화를 하든 기다리라는 음성안내와 함께 음악과 광고가 한참 동안 흘러나온다. 이메일에 로그인하면 즉각적인 답변을 요구하는 메일이 잔뜩 들어와 있으며, 온라인쇼핑을 할 때는 긴박감을 자아내기 위한 "구매시간 5분", "남은 수량 2개", "자정에 판매 종료" 같은 메시지가 계속 뜬다.

우리는 훈련받은 물개처럼 지시대로 행동할 때가 많다. 이메일에 답장을 보내고, 쇼핑몰의 번쩍이는 광고에 서둘러 자주색 뒤집개를 구매하며 생산적으로 행동했다는 잘못된 느낌에 빠진다.

하지만 사실 우리는 눈앞의 자극에 반응했을 뿐이다.

인내가 사라진 스포츠

스포츠가 건전한 품성을 가르친다고 흔히 이야기하지만 스포츠에서도 인내심의 덕목을 배우기가 힘들어졌다. 세계 각지의 젊은 관중과 참가자를 끌어들이기 위한 노력의 일환으로 배구, 야구, 축구, 골프, 자동차 경주 등 다양한 스포츠의 관람이나 경기에 소요되는 시간을 줄일 방법들이 모색되고 있다.

득점할 때마다 축하와 위로를 주고받아온 배구 선수들은 그로 인해서 시합시간이 15분에서 30분 늘어날 수 있다는 이유로 이제 그런 행동을 자제하라는 지시를 받는다. 야구 선수들은 일단 투수가 투수판을 밟으면 타석을 벗어날 수 없고, 골프 선수들은 경기 속도가 느릴 때 벌금을 내야 한다. 로리 맥길로이는 최근 영국인들의 골프에 대한 관심과 참여가 급격히 감소한 것에 대해 "이제 모든 것이 즉각적이어서 모두가 예전만큼 시간이 없기" 때문이라고 한탄했다.

2015년 4월 NCAA 농구 챔피언십에서는 운동선수들의 인내심이 어떻게 달라졌고 이런 변화가 팀워크와 성공에 어떤 영향을 주는지 단적으로 보여주는 일이 발생했다. 그해 결승전에서는 위스콘신대학교와 듀크대학교가 맞붙었다. 위스콘신의 보 라이언 감독은 팀을 강조하고, 4년 재학 기간 동안 선수들을 훌륭하게 성장시켜준다고 알려져 있는 반면, 듀크의 마이크 슈셉스키 감독은 1년만 대학팀에서 뛰고 프로팀으로 가버릴 선수들 위주로 팀을 구성했다.

그해 우승팀은 듀크였다. 개인의 성과와 고액 연봉을 목표로 하는 것이 왜 수년간 위대한 팀의 일원이 되기 위해 노력하는 것보다 더 매력적일 수 있는지 보여주는 결과였다.

주말 휴식 제도와
승진연한 축소

직장이라고 항상 인내심이 길러지는 것도 아니다. 직장생활 2~3년 차에 이직하는 밀레니얼세대를 잡기 위해 월스트리트와 주요 은행들은 중대한 규정을 변경한다고 발표했다. 전통적으로 수백만 달러의 연봉을 받는 회사의 파트너가 되려면 주당 100시간씩 힘들게 몇 년을 일해야 했다. 하지만 밀레니얼세대는 그렇게 오래 기다리기를 원하지 않는다. 가족과의 시간을 양보해서 자신의 목표를 달성해야 할 필요성도 느끼지 못한다.

그 결과 2016년 시티그룹은 젊은 직원들의 승진연한을 줄였고, 신입부터 급여는 덜 받고 자선활동 등을 할 수 있는 제도를 실시하겠다고 발표했다. J.P.모건체이스는 "펜슬 다운Pencil Down(연필을 내려놓아라)"이라는 구호에 맞춰 직원들이 주말에 쉴 수 있도록 할 계획이라고 발표했다. 골드만삭스 또한 신입직원의 업무를 재조정해서 단순 업무나 홍보책자 작업은 줄이고 보다 새로운 업무의 배당을 늘리고 있다.

주당 100시간 근무가 매력적이라거나 업무가 지루하기보다 의미 있기를 바라는 것이 나쁘다고 주장할 사람은 아무도 없겠지만, 일각에서는 부모세대보다 원하는 포상에 훨씬 빨리, 훨씬 쉽게 다가가려는 밀레니얼세대의 조바심을 수용해주는 것은 문제를 악화시킬 뿐이라고 울분을 터뜨린다.

이발소에서 기다리기, 세탁소 가기, 개 산책시키기 등 젊은 직원들의 생활에서 성가신 일을 해결해주는 것으로 전설이 됐던 실리콘밸리의 몇몇 회사들은 현재 두 가지 이유로 이런 특전을 축소하고 있다. 첫째, 직원들이 이런 극진한 대접을 당연하게 여기면서 더 많은 혜택을 요구하기 시작한다는 것이다. (한 스타트업의 직원은 한잔하러 갈 때도 기다리기 싫으니 직장에서 가장 가까운 술집까지 집라인을 설치해달라고 요청했다는 극단적인 사례도 있었다!) 둘째, 그런 특전은 비용이 너무 많이 들었다.

인내하는 사람은 적고 주위의 문화적 자극은 인내심을 갖기 힘들게 만든다면 어떻게 해야 할까? 사람들은 변하기를 원하고, 어디서부터 변화를 시작해야 할지 단서를 제공해주는 연구결과들에 희망이 있다.

베어드 이야기

2015년 여름 우리 집 막내 베어드가 내게 특이한 부탁을 했다. 스마트폰을 구식 폴더폰으로 바꾸고 싶다는 것이었다. "제가 이 물건에 중독돼서요." 아이는 휴대전화 가게에서 스마트폰을 들고 말했다. "딱히 하는 일이 없을 때 재미로 이걸 들여다보는 데 질렸어요. 단순한 걸로 다시 바꾸고 싶어요."

휴대전화 가게 직원에게 무엇을 원하는지 설명했지만, 우리를 응대했던 젊은 직원은 그 말을 믿지 못했다. "이런 요청을 한 손님은 처음이에요." 그가 눈이 휘둥그레져서 아들에게 물었다. "정말 그럴 거예요?"

그로부터 2년 뒤, 베어드는 휴대전화를 바꾼 덕분에 다른 사람이 됐다고 본인 입으로 이야기한다. 휴대전화를 바꾼 직후에는 워싱턴 내셔널스의 성적을 바로바로 알려주는 앱이나 부모에게 용돈을 요청하는 앱의 편리함을 아쉬워하기도 했다. 하지만 자신의 인스타그램 게시물을 좋아하는 사람이 있는지 스마트폰으로 확인하고 싶은 충동에서 벗어나면서 자유를 찾았고, 더 행복해졌다고 한다. "스마트폰을 보고 있지 않으면 뭔가 놓치는 것 같은 기분이 항상 들었는데, 스마트폰 없이 지내보니 사실 놓치는 것도 별로 없어요."

베어드는 더 오랫동안 주의가 흐트러지지 않고 집중할 수 있게 됐고, 야구장에 가서 경기를 전보다 즐기게 된 사실이 가장 놀랍다고 이야기한다. "스마트폰만 바라보고 있는 대신 이닝 중간이나 투수교체시간에 야구장을 둘러보면서 느긋이 즐기게 돼요."

대부분의 사람이 베어드처럼 하지는 않는다. 하지만 점점 많은 사람이 계속 오락에 빠져 있는 정도를 자발적으로 줄여나가기로 결심하고, 인내심을 기르고 있는 것 또한 사실이다. 대학생들이 식사시간에 스마트폰 대신 서로에게 집중하기 위해 스마트폰을 쌓아둔다는 이야기를 내게 처음으로 해준 사람은 내 딸 사만다였다. 당연히 스마트폰을 가장 먼저 집어 드는 사람이 모두의 식사비를 계산해야 하는데, 이는 충동을 억제할 강력한 동기가 된다고 한다.

닉의 이야기

즉각적인 금전적 이득이나 갑작스러운 유명세를 가져다주지 않을 직업을 원하는 젊은이들이 많다는 사실 또한 희망적이다. 베어드의 친구 닉의 이야기를 들어보자. 내 강연에 참석했던 닉의 어머니 캐서린은 강연이 끝나고 나를 찾아와 닉이 농구에 너무 집착하는 것 같아 걱정이라며 상담을 부탁했다.

캐서린은 닉이 농구를 시작하기에는 너무 늦은 나이기도 하고 키도 작다고 생각했다. 그녀는 아들이 비현실적인 목표를 추구하는 데 어떻게 대처해야 좋을지 물었다. "저의 격려가 아이를 망치고 있는 걸까요? 아이가 나쁜 그릿을 너무 발휘하는 것은 아닐까요?"

닉은 재능을 타고 나지는 않았지만 성실히 연습한 결과 결국 학교 대표팀에 들어갔다. 닉이 고등학교에 입학하고 첫 해 카리스마 넘치고 훌륭한 의사였던 아버지가 갑자기 돌아가셨을 때도 캐서린은 닉의 집중력과 정신적 강인함에 의지해야 했다. 캐서린에게는 아들 넷이 있었고, 그중 맏이가 닉이었기 때문이다.

몇 년 뒤 대학교 3학년이 된 닉의 소식을 다시 들었을 때 그는 여전히 그릿과 목표설정, 미래지향적인 삶을 보여주는 완벽한 본보기였다. 고등학교 졸업반일 때 혼자 덩크슛을 연습해서 주에서 주최하는 대회까지 나갔고, 그를 지켜봤던 펜실베이니아대학교 코치가 그를 스카우트했다. (장학금을 받는 조건이었다!)

기대만큼 성적이 나오지 않아 비록 팀에서 나오게 됐지만, 닉은 자신의 노력에 긍지를 가졌다. 닉은 포기하지 않고 농구 동아리를 만들었는데, 그 과정에서 수많은 장애와 부딪혔지만 인내심을 갖고 하나씩 극복해냈다.

닉은 졸업반이 된 후 맞이한 마지막 방학 동안 개인 코치를 구해 부지런히 연습했고, 농구팀의 테스트를 받았다. 그가 개인 최고 기록으로 다시 팀에 복귀하게 된 것은 별로 놀라운 일이 아니었다.

프린스턴대학교 플라즈마물리연구소에 합격했을 때 흥분하던 닉의 모습은 진정한 그릿을 자세히 살펴보면 이해가 된다. "너무 어려운 분야라고 부정적으로 생각하는 사람들이 많았어요. 하지만 저는 제 평생을 투자해 핵융합을 연구할 거예요. 정말 흥미진진한 분야거든요. 단념할 생각은 전혀 없어요."

중력파를 증명하기 위해 반평생을 바친 80대 연구자들처럼, 닉 또한 가장 어려운 수수께끼를 풀기 위한 그릿을 가지고 있다. 이는 역사에 남을 도전에 필요한 인내심을 갖지 못한 사람들에게서는 결코 발견할 수 없는 특성이다.

연습 1 인내심을 기르는 방법들

체스를 하라. ──────

보드게임, 특히 체스처럼 기술과 계획을 요구하는 게임은 패턴인식과 인내심을 포함해 많은 중요한 기술을 가르쳐준다. 체스는 높은 집중력, 지금의 한 수가 앞으로의 수에 미칠 영향을 시각화하는 능력, 계획적으로 서서히 최종 결과를 향해 나아가며 기다리는 인내심, 승패를 좌우할 수 있는 세부 사항을 파악하는 주의력 같은 긍정적인 자질을 길러준다. 이처럼 체스는 계획과 인내심을 연습함으로써 장기적 인생목표들을 달성하는 데 필요할 능력을 연마시켜준다. 칼 뉴포트는 '집중'과 '깊게 일하는 능력'이 "21세기의 IQ"라며, 앞으로는 집중할 줄 아는 성인이 가장 소중한 존재가 될 것이라고 주장한다.

정원을 가꿔라. ──────

서둘러 튤립의 꽃망울이 열리게 하거나 토마토가 익게 할 수는 없다. 당신의 노력과 성실성이 아름다움과 영양가 있는 결과로 보상받게 되리라는 희망으로 식물을 심고 가꾸는 일은 인내심을 기르는 유서 깊은 방법이다.

《블루 존》과 《그곳에 행복이 있었다》의 저자 댄 뷰트너는 어느 나라에서나 가장 큰 행복감을 느끼고 가장 장수하는 사람 대부분이 매일 텃밭을 돌보며, 거기서 나오는 채소와 허브로 건강한 음식을 만들어 식사를 한다고 지적한다.

자연에서 우리의 손을 쓰면서 얻는 보상은 치료사들에게도 잘 알려져 있다. 20분만 자연 속에서 보내도 몇 시간이나 활력을 느낄 수 있으며, 손을 써서 무언가를 만들어내는 일은 기분을 좋게 만들어주는 확실한 방법이라고 연구결과들이 보여준다.

줄을 서서 기다려라. ———

전국적으로 관심을 끌고 있는 식당 몇 곳에서는 예약을 받지 않는다. 덕분에 손님들은 몇 시간씩 줄을 서야 하지만, 다른 이들의 부러워하는 시선을 받으며 들어갈 수 있다. 단지 줄을 서서 기다리는 외에는 입장할 확률을 올릴 방법이 없다는 사실이 식당의 명성과 가치를 더 높여주고 있다. (그렇게 기다릴 가치가 있는 식당이라면 틀림없이 맛있지 않겠는가!)

모든 기다림이 똑같은 결과를 가져오지는 않는다. 〈뉴욕타임스〉는 이 식당들을 취재하면서 이렇게 지적했다. "현명하게 줄을 선택하고, 줄을 분석하고, 기다림을 즐기는 법이 소비자들이 숙달해야만 할 다음 기술일지도 모른다."

몇 주 뒤로 선택을 유보해보라. ———

단순히 줄을 서서 기다리기가 아니라 기다렸다가 결정하기에 관한 독특한 연구에서 발견된 흥미로운 사실이 있다. 하룻밤, 때로는 여러 날 밤 생각할 시간을 가진 후에 결정하기로 할 때 인내심을 갖고 결정해본 경험으로 인해 인내심 자체를 중시하게 되며, 장기적 보상이 단기적 이익보다 낫다는 판단까지 하게 만든다는 것이다. 연구에 참여한

에일렛 피시바흐는 이렇게 설명한다. "사람들은 현재의 것에 더 가치를 두고 미래가치를 낮춰 보는 경향이 있다. 그러나 이 연구는 사람들에게 기다렸다가 결정하게 만들면 기다림의 과정이 보상을 더욱 소중하게 만들어주기 때문에 인내심이 향상될 수 있다고 암시한다."

감사하는 연습을 하라. ━━━

'시간 할인'이라고도 불리는 잘못된 경제적 의사결정을 막는 방법에 관한 연구에서는 감사하는 마음이 들었던 상황들을 자전적 에세이로 쓰게 했을 때 즉각적인 금전적 보상을 취하지 않고 미래의 더 큰 보상을 선호할 가능성이 더 높은 것으로 나타났다. 이 연구에서 참신했던 부분은 연구자들이 행복의 감정을 통제했지만 행복감은 감사만큼 시간 할인 현상이 나타나지 않는다는 사실을 확인했다는 점이다.

연습 2 작은 일에서 통찰력이 나온다

그릿을 소유하기 위해서는 인내심이 있어야 한다. 목표를 작은 단위로 쪼개 이루고, 이를 다시 합치기 위해서는 시간이 필요하기 때문이다. 노력의 결실을 얻기까지 몇 년을 기다려야 하는 경우도 있다. 이때 작은 목표를 달성하며 기쁨을 찾고, 이를 즐길 수 있다면 행복감이 증가하고, 열정이 유지된다. 또한 모든 소소한 일에서 최상의 결과를 얻어내는 능력을 조금씩 개선시킨다.

다음에 소개하는 기법은 하버드대학교 인문학 교수인 제니퍼 로버츠가 학생들에게 내주는 과제에 바탕을 둔다. 먼저 당신이 관찰하고 생각하는 동안 신체감각의 변화에 주목한다. 서두르지 말고 천천히, 신중하게 응시하고, 집중했던 측면을 충분히 봤다는 생각이 들었을 때 다음 관찰로 넘어간다.

지금 주목한 물체가 앞서 관찰한 물체와 유사점을 떠올리게 하는가? 지각 변화를 가져올 냄새나 소리가 감지되는가? 30분 동안 동일한 물체를 천천히 평가했을 때와 언뜻 보고 판단했을 때 어떻게 다른지 써본다. 오랜 관찰을 통해 보다 유익하고 풍부한 내용을 지각할 수 있는 것 같은 차이가 구체적으로 느껴지는가?

끝마치며

우리는 결국 끝까지 해낼 것이다

나는 지난 몇 년 동안 그릿에 대해 생각하고, 그릿에 대해 이야기하고, 어떻게 하면 다른 사람도 그릿의 중요성을 이해하고, 그릿의 소유자가 뚜렷한 성격 강점을 형성해가는 동안 버틸 수 있는 내적 역량을 갖게 할 수 있을지 실험해왔다.

올바른 이유로 올바른 목표를 지향한다면 누구나 진정한 그릿을 가질 수 있다. 이 메시지를 효율적으로 전달하고 그릿을 최대한 쉽게 이해할 수 있도록 긍정적 그릿과 부정적 그릿을 구분했다. 이를 통해 사람들이 좋은 그릿과 나쁜 그릿을 마음속에 떠올리면서 최적의 결과를 얻으려면 무엇을 어떻게 해야 하는지 쉽게 알 수 있도록 했다.

나는 여러 이유에서 미래에 희망을 갖고 있지만, 공동체와 사람들이 큰 변화를 꾀할 때는 늘 그렇듯이, 가족과 학교, 지역사회, 단체, 국가가 가시적 결과만 내려던 자세를 바꿔 탁월함을 추구하려면 자기성찰과 인식, 계획, 노력, 희생이 필요하다는 것도 알고 있다.

우리는 무엇이든 성공하기 쉽게 만들고, '훌륭하다'는 말을 남발하기를 멈춰야 한다. 예전처럼 우리의 정신을 고양시키고, 우리에게 영감을 주며, 진정으로 경외심을 불러일으키는 행동들만 축하해야 한다. 인터넷만 되면 어디서든 SNS에 자신을 홍보하는 사람들의 터무니없는 행동에 계속 보상해서도 안 된다.

우리는 소중한 시간과 에너지를 유익한 일에만 쓰도록 스스로를 교육할 필요가 있다. 어떤 기준으로 중요성을 선별해야 할지 적절한 필터도 없이 너무 많은 데이터에 파묻히는 대신 속도를 늦추고 정말로 '훌륭한' 데이터를 어떻게 가려낼지 정해야만 한다.

무엇보다 우리 자신이 탁월함을 추구하면서 그릿을 기르는 동시에 다른 사람들도 그럴 수 있도록 가르치는 책임을 다해야만 한다.

우리는 그릿을 원한다

우리는 예스맨의 아부나 손쉽게 거둔 승리, 안락한 삶으로 스스로를 속이지 않는다. 극단적인 망상에 빠진 경우가 아니라면 우리는 탁월함을 보고, 듣고, 느끼며, 인식한다. 우리는 스스로 탁월하지 않다는 진실을 알고 있다. 우리는 탁월해지기를 바란다. 어디에서 강연을 하든 누구와 인터뷰를 하든 마찬가지였다.

그 때문에 스펠링비 참가자들은 앞으로는 무승부로 끝나지 않도록 더 어려운 단어가 출제되기를 원한다. 그 때문에 우리 동네 수영팀 선수들은 기록 게시판이 설치됐을 때 더욱 노력한다. 그 때문에 성공한 인물들이 자기 분야에서 정상에 오른 비결을 전수해주려 할 때 거금을 내고도 배우겠다는 사람들이 줄을 선다.

중간 정도를 기준으로 삼고 싶다면 이런 일들이 일어나겠는가? 나는 그렇게 생각하지 않는다. 하지만 회복력이 강해지고, 탁월한 수준에 이르고, 힘들지만 의미 있는 목표에 집중하려면 어디서 시작해야 할지 감을 잡지 못하는 사람이 여전히 많다.

학생들이 내게 질문을 퍼붓고, 강연을 들은 뒤 좀 더 그릿이 강해지도록 그들의 머릿속 '경로를 변화시킬' 방법을 배우고 싶다는 쪽지를 보낸 이유도 마찬가지다. 대학생들이 '어려운 목표'의 기준이 무엇이며 스스로 어떻게 판단할 수 있는지 물었던 것도 그 때문이다. 라디오 프로그램에서 좋은 습관을 기르고 싶은 참가자를 모집했을 때 수많은 사람이 신청한 이유도 그 때문이다.

당신 인생의 관찰자가 돼라. 당신과 남들이 장애물이나 실망, 실패에도 열정을 잃지 않는 사람을 만났을 때 어떻게 반응하는지 지켜보라. 끈질기게 목표를 달성할 방법을 찾아내고, 탁월한 성과를 낼 수 있는 기회가 주어진 데 감사하는 사람에게 어떻게 반응하는지 지켜보라. 그들이 방으로 들어서면 우리는 자세를 바로하고 주목하며, 그들의 겸손과 조용한 자신감, 강철 같은 투지 때문에 그들에게 끌린다.

대담한 주인공이 등장하는 영화에 매료되는 관객처럼 바로 우리 주변 사람들이 어떻게 우리 모두가 직면하는 유혹과 실패를 극복했는지, 어떻게 모두가 가능하다고 생각했던 이상으로 깊이 파고들고 노력해서 특별하고 의미 있는 목표들을 달성할 수 있었는지 알고 싶어 한다. 의식적 연습과 진정한 그릿, 탁월함의 화신인 사람들은 우리를 매료시킨다.

당신은 무엇을 지지하는가?

자리에서 일어설 때는 늘 합당한 이유가 있어서다. 사람을 처음 만날 때는 존중의 표시로 자리에서 일어나 맞이한다. 국가가 연주될 때 조국에 경의를 표하기 위해서 일어선다. 뛰어난 연주, 기록, 비범한 품성에 경의를 표현하지 않을 수 없을 때 다른 사람들과 함께 기립박수를 보낸다. 실천하기가 쉽지 않을지라도 항상 옳은 일을 하는 사람을 '스탠드업 가이stand-up guy'라고 표현하기도 한다.

우리는 트로피를 받기 위해서가 아니라 자신과 남들에게 모범을 보이는 좋은 사람이 되기 위해서 최상의 자신이 되기를 염원하는 세상을 만들어야 한다. 아이들이 부모나 변호사의 간섭 없이 흥겹게 경기를 할 수 있고, 경기와 경쟁에서 얻은 교훈으로 우정과 인격을 형성할 수 있어야 한다. 동의하기 힘든 생각들로부터 청소년을 보호하기를 멈추고, 상충하는 세상의 감정과 관점들 사이에 길을 찾을 수 있도록 비판적 사고와 이지적 토론을 장려해야 한다. 원대한 목표들로 가득하고, 변명과 투덜거림은 줄어들고, 외상 후의 회복력은 증가하고 스트레스는 줄어든 세상을 만들어야 한다.

그릿이 마술처럼 모든 문제를 해결해줄 수는 없다. 하지만 그릿의 육성을 우선순위로 삼는 것이 우리 모두를 위한 올바른 조치라고 믿는다. 너무 많은 사람이 원대한 목표를 세우지 않아서 침체해 있다. 우리는 슬픔과 신체적 고통을 끝까지 견뎌낼 내적 역량과 그에 대한 자신감이 없기 때문에 진심으로 원하는 수준에 못 미쳐도 안주한다.

나는 사람들이 어려운 목표를 끈질기게 붙들고 있을 의지력을 끌어모을 때 일어나는 삶의 놀라운 변화를 목격한다. 그들이 지지해주는 친구들로 자신을 에워싸고, 열정적인 목적을 다른 사람들에게도 전달하는 모습을 본다. 나는 사람들이 작은 목표만 가지고 권태롭게 살 때의 후회와 불행을 안다.

모든 세대가 '좋았던 옛 시절'을 그리워하지만, 이 불확실한 '지금' 세상에서 살아남고 발전하려면 왜 그릿이 더 필요한지 쉽게 알 수 있다. 우리는 모든 국가를 위험에 빠뜨리는 환경 문제에 직면해 있다. 지구 온난화, 해수면 상승, 지진으로 인해 불안하다. 요동치는 금융시장과 국제정치의 움직임은 세계를 무시무시한 상황으로 밀어 넣고, 끊임없이 보도되는 전쟁과 테러는 우리 모두의 신경을 곤두서게 만든다.

나약하고 불안한 태도로 '안전한 공간'에 숨어서는 이를 해결할 수 없다. 더욱 용기 있고, 단호하고, 긍정적인 자세를 갖추는 것이 우리에게 최선의 선택이 될 것이다.

나는 당신이 최대한 투지 있는 인생을 만들어나갈 자원으로 이 책에 담긴 생각과 사연, 제안, 실천과제들을 활용하기 바란다. 우리 각자가 끈기 있게, 겸손하게, 한 번에 하루씩 최선을 다할 때 변화가 시작되며, 다른 사람들과 함께 노력해갈 때 더 강하고 효과적인 집단의 힘을 얻게 될 것이다. 그리고 그럴 수 있을 때 우리 모두가 추구하는 만족감, 행복과 함께 변함없는 최선의 노력을 통해서만 얻을 수 있는 긍지가 우리의 삶과 우리의 가족, 지역사회와 국가에 충만하게 되리라고 기대한다.

내가 그릿을 가질 수 있었다면 당신도 가질 수 있다. 정확히 당신이 원하는 곳으로 이어지는 길을 떠나기에 결코 늦은 때란 없다. 당신의 삶을 진정한 그릿으로 채우기 위해 필요한 걸음을 내딛는다면 장담하건대 절대 후회하지 않을 것이다. 걸어온 길을 뒤돌아보며 당신이 한 일이 당신의 인생을 변화시키고, 가능하면 다른 사람의 인생도 변화시켰는지 자문할 때 자신이 자랑스러워질 것이다.

그릿 척도 검사지

다음은 《그릿》의 저자 앤절라 더크워스가 제안한 그릿 척도 검사입니다. 정답도 오답도 없으니 다른 사람들과 비교해볼 수 있도록 솔직하게 답변하면 됩니다. 이 검사를 통해 자신이 얼마나 열정적이고 끈기 있게 보이는지 확인할 수 있을 것입니다.

해당 검사는 앤절라의 홈페이지(angeladuckworth.com/grit-scale/)에서도 직접 진행할 수 있습니다.

1. 나는 새로운 아이디어와 프로젝트 때문에 기존의 것에 소홀해진 적이 있다.

전혀 그렇지 않다	그렇지 않다	그런 편이다	그렇다	매우 그렇다
5	4	3	2	1

2. 나는 실패해도 실망하지 않는다. 나는 쉽게 포기하지 않는다.

전혀 그렇지 않다	그렇지 않다	그런 편이다	그렇다	매우 그렇다
1	2	3	4	5

3. 나는 한 가지 목표를 세워놓고 다른 목표를 추구한 적이 종종 있다.

전혀 그렇지 않다	그렇지 않다	그런 편이다	그렇다	매우 그렇다
5	4	3	2	1

4. 나는 노력가다.

전혀 그렇지 않다	그렇지 않다	그런 편이다	그렇다	매우 그렇다
1	2	3	4	5

5. 나는 몇 개월 이상 걸리는 일에 계속 집중하기 힘들다.

전혀 그렇지 않다	그렇지 않다	그런 편이다	그렇다	매우 그렇다
5	4	3	2	1

6. 나는 뭐든 시작한 일은 반드시 끝낸다.

전혀 그렇지 않다	그렇지 않다	그런 편이다	그렇다	매우 그렇다
1	2	3	4	5

7. 나의 관심사는 해마다 바뀐다.

전혀 그렇지 않다	그렇지 않다	그런 편이다	그렇다	매우 그렇다
5	4	3	2	1

8. 나는 성실하다. 나는 결코 포기하지 않는다.

전혀 그렇지 않다	그렇지 않다	그런 편이다	그렇다	매우 그렇다
1	2	3	4	5

9. 나는 어떤 아이디어나 프로젝트에 잠시 사로잡혔다가 얼마 후에 관심을 잃은 적이 있다.

전혀 그렇지 않다	그렇지 않다	그런 편이다	그렇다	매우 그렇다
5	4	3	2	1

10. 나는 좌절을 딛고 중요한 도전에 성공한 적이 있다.

전혀 그렇지 않다	그렇지 않다	그런 편이다	그렇다	매우 그렇다
1	2	3	4	5

채점표

표시한 칸에 해당하는 점수를 합산한 뒤 10으로 나눠서 나온 점수가 총 그릿 점수입니다. 이 척도 검사의 최고 점수는 5점(그릿이 매우 높음)이고 최저 점수는 1점(그릿이 전혀 없음)입니다. (채점표의 점수는 미국 성인 대표본입니다.)

그릿 점수 – 백분위수

2.5	3.0	3.3	3.8	3.9
10%	20%	30%	40%	50%

4.1	4.3	4.5	4.7	4.9
60%	70%	80%	90%	99%